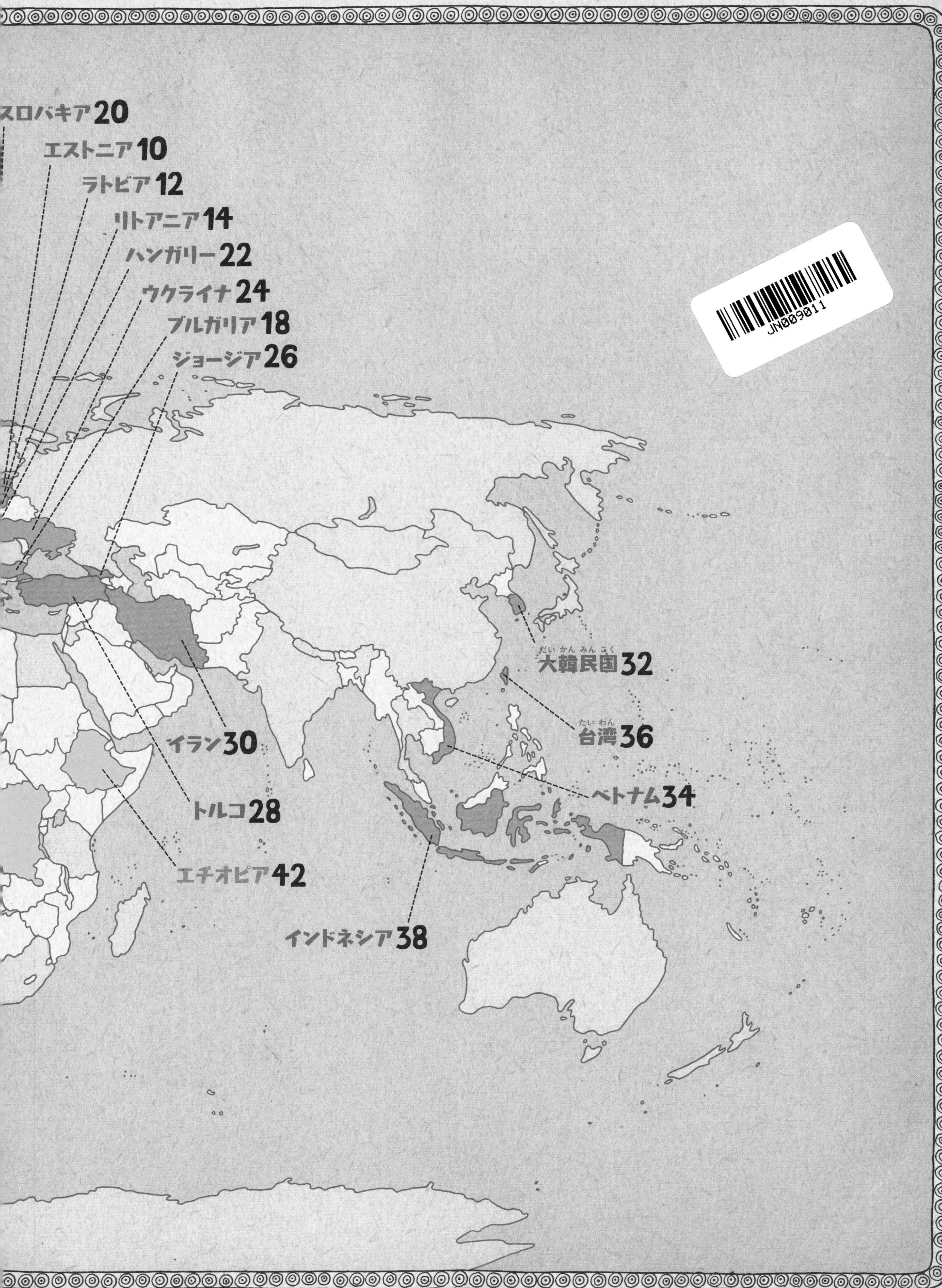
スロバキア20
エストニア10
ラトビア12
リトアニア14
ハンガリー22
ウクライナ24
ブルガリア18
ジョージア26
大韓民国《だいかんみんこく》32
台湾《たいわん》36
イラン30
ベトナム34
トルコ28
エチオピア42
インドネシア38

〈参考文献〉
『世界の国情報 2018』（リブロ）
『平凡社アトラス　世界地図帳』（平凡社）

マップス・プラス　新・世界図絵

アレクサンドラ・ミジェリンスカ＆ダニエル・ミジェリンスキ 作・絵
徳間書店児童書編集部 訳

発行人　小宮英行
発行所　株式会社徳間書店
〒141-8202　東京都品川区上大崎 3-1-1 目黒セントラルスクエア
(049)293-5521（販売）　(03)5403-4347（児童書編集）
振替 00140-0-44392番
編集協力　前田次郎
本文・カバーデザイン　百足屋ユウコ（ムシカゴグラフィクス）
本文組版　ムシカゴグラフィクス
53pages, 38cm, NDC290

Published by TOKUMA SHOTEN PUBLISHING CO., LTD., Tokyo.

徳間書店の子どもの本のホームページ　https://www.tokuma.jp/kodomonohon/

ISBN978-4-19-865729-1

アレクサンドラ・ミジェリンスカ＆ダニエル・ミジェリンスキ

マップス・プラス

MAPS+

新《しん》・世《せ》界《かい》図《ず》絵《え》

アイルランド

首都《しゅと》：ダブリン

言語《げんご》：アイルランド語《ご》（ゲール語《ご》）、英語《えいご》

人口《じんこう》：約《やく》510万人《まんにん》

面積《めんせき》：70,273km²

ドンエンガス
先史時代《せんしじだい》の砦《とりで》の遺跡《いせき》
アラン諸島《しょとう》の
伝統的《でんとうてき》なセーター
プールナブローン
ドルメン（先史時代《せんしじだい》の墓《はか》）
ダーグ湖
リメリック城《じょう》
（ジョン王の城《しろ》）
モハーの断崖《だんがい》
ハンドウイルカ
リメリック
リメリックレース
ムナジロ
カワガラス
ケリーブルー
テリア犬
ロック・オブ・
キャッシェル
中世《ちゅうせい》の城塞《じょうさい》
キラメリー村の
ケルト十字
石を彫《ほ》って
作《つく》られている
キルケニー
ノア川
ユキウサギ
ティーマホー村
かつての修道院《しゅうどういん》の
バロー川
オコジョ
スレイニー川
大麦《おおむぎ》
海峡
バリハウラ・
マウンテンバイクコース
牛の飼育《うしのしいく》
レジナルドの塔《とう》
かつての要塞《ようさい》の一部《いちぶ》
クリスタル工房《こうぼう》
アイルランド国立
遺跡公園
ウェクスフォード
クロンメル
シュア川
ウォーターフォード
ブラックウォーター川
ロス城《じょう》
マ
ン
ス
タ
ー
ケリー周遊路《しゅうゆうろ》
215kmにおよぶ景色《けしき》のよい道路《どうろ》と
ハイキングコース
グレート・
ブラスケット島《とう》
キラーニー湖群《こぐん》
バレンティア島《とう》
キャラントゥール山
アイルランドでいちばん
高《たか》い山
（1,041m）
マギリカディーズ・リークス山地《さんち》
スケリッグ・
マイケル島《とう》
スカリフ島《とう》
ダーシー島《とう》
キリスト教初期《きょうしょき》の
修道院《しゅうどういん》あと
コーク
シャンドン
教会《きょうかい》の鐘楼《しょうろう》
オート麦《むぎ》
フック灯台《とうだい》
ロフタスホール
幽霊屋敷《ゆうれいやしき》として知《し》られる
リー川
ドロンベグ・
ストーンサークル
ベア島《とう》
クリア島《とう》
フルマカモメ
ハイイロアザラシ
ナミミンククジラ
オサガメ
ケルト海《かい》
グレイス・オマリー
海賊《かいぞく》のリーダー
アイリーン・グレイ
建築家《けんちくか》、家具《かぐ》デザイナー
ケルト
先史時代《せんしじだい》からの先住民《せんじゅうみん》
組《く》みひも模様《もよう》
ケルトの伝統的《でんとうてき》な装飾模様《そうしょくもよう》
サミュエル・ベケット
劇作家《げきさっか》
ジェイムズ・ジョイス
作家《さっか》
オスカー・ワイルド
作家《さっか》
ジョナサン・スウィフト
作家《さっか》。『ガリバー旅行記《りょこうき》』を書《か》いた

北極圏《ほっきょくけん》の北部《ほくぶ》では、冬《ふゆ》に、地平線《ちへいせん》の上《うえ》に太陽《たいよう》がのぼらない「極夜《きょくや》」と、夏《なつ》に、太陽《たいよう》がしずまない「白夜《びゃくや》」がある

ノルウェー
ノルウェー王国《おうこく》
Norge《ノルゲ》
↑
ノルウェー語《ご》で
書《か》いた国名《こくめい》
首都《しゅと》：オスロ
言語《げんご》：ノルウェー語《ご》
人口《じんこう》：約《やく》530万人《まんにん》
面積《めんせき》：323,802km²
0 50 100 150 km
0 25 50 75 マイル
ヤン・マイエン島《とう》
ベーレンベルグ山
活火山《かっかざん》
油田《ゆでん》
ノルウェジアン・エルクハウンド犬
狩猟犬《しゅりょうけん》
ノルウェー海《かい》
木造《もくぞう》の教会《きょうかい》
ヨーロッパ最古《さいこ》の
木造建築《もくぞうけんちく》のひとつ
ニーダロス
大聖堂《だいせいどう》
トロンハイム
ビンヌ滝《たき》
ヨーロッパ最大《さいだい》の滝《たき》
（落差《らくさ》865m）
長《なが》い歴史《れきし》を持《も》つ
鉱山都市《こうざんとし》
フリチョフ・ナンセン
探検家《たんけんか》。北極《ほっきょく》に遠征《えんせい》
フラム号《ごう》
北極《ほっきょく》や南極《なんきょく》の探検《たんけん》に
使《つか》われた船《ふね》
シラカバ
ワッフル
ジャムやサワークリームをそえる
ノルウェーの人は
コーヒーを
よく飲《の》む
クズリ
ノルウェーの
冬《ふゆ》は寒《さむ》くて長《なが》い
イヌワシ
ジャコウウシ
トロール
北欧《ほくおう》の伝説《でんせつ》に
登場《とうじょう》する
魔《ま》もの
フルドラ
ノルウェーの民間伝承《みんかんでんしょう》に
登場《とうじょう》する、牛《うし》のしっぽを持《も》つ女
ブーナッド
ノルウェーの民族衣装《みんぞくいしょう》
クラウドベリー
干《ほ》しダラ
古《ふる》くから輸出《ゆしゅつ》していた
ラークフィスク
マスを3か月ほど塩漬《しおづ》けに
して発酵《はっこう》させたもの
ラプスカウス
牛肉《ぎゅうにく》、ジャガイモ、
ニンジンなどを煮《に》こんだ
シチュー
ミースオスト
乳清《にゅうせい》から作《つく》る茶色《ちゃいろ》い甘《あま》い
チーズ
① ヨステダール氷河《ひょうが》
レーロス
ハーディングフェーレ
バイオリンににた
ノルウェーの民族楽器《みんぞくがっき》
美髪王《びはつおう》
ハーラル1世《せい》
ノルウェー
最初《さいしょ》の王
チーズスライサー
ノルウェーで発明《はつめい》された
ソッド
ジャガイモ、ニンジン、
ヒツジ肉《にく》、ミートボールの
スープ
スマーラホーベ
ヒツジの頭《あたま》の燻製《くんせい》を
ゆでた料理《りょうり》
オラフ
イングリッド
ヒシュテン・フラグスタ
オペラ歌手《かしゅ》
シグリ・ウンセット
作家《さっか》
ルースコフタ
伝統的《でんとうてき》な模様《もよう》あみのセーター
ウルネスの
木造教会《もくぞうきょうかい》
①
ガルホピッゲン
ノルウェーでいちばん
高《たか》い山（2,469m）
ローゲン川
ブリッゲン地区《ちく》
中世《ちゅうせい》の建物《たてもの》がのこる
フロム
ベルゲン
リレハンメル
ノルウェー最大《さいだい》の湖《みずうみ》
ミューサ湖《こ》
グロンマ川
オペラハウス
ニューメダルスローゲン川
ジャガイモ
オスロ
ドランメン
フレドリクスタ
オート麦《むぎ》
大麦《おおむぎ》
オトラ川
ハーラル1世《せい》の記念碑《きねんひ》
岩《いわ》にささった巨大《きょだい》な3本の剣《つるぎ》の形《かたち》
②
スタバンゲル
木造《もくぞう》の古《ふる》い家《いえ》がのこる
クリスティアンサン
北海《ほっかい》
②
観光客《かんこうきゃく》
プレーケストーレン
高《たか》さ約《やく》600mの崖《がけ》
オスロの王宮《おうきゅう》
エドバルド・ムンク
画家《がか》
『叫《さけ》び』
バイキング
ヘンリック・イプセン
作家《さっか》

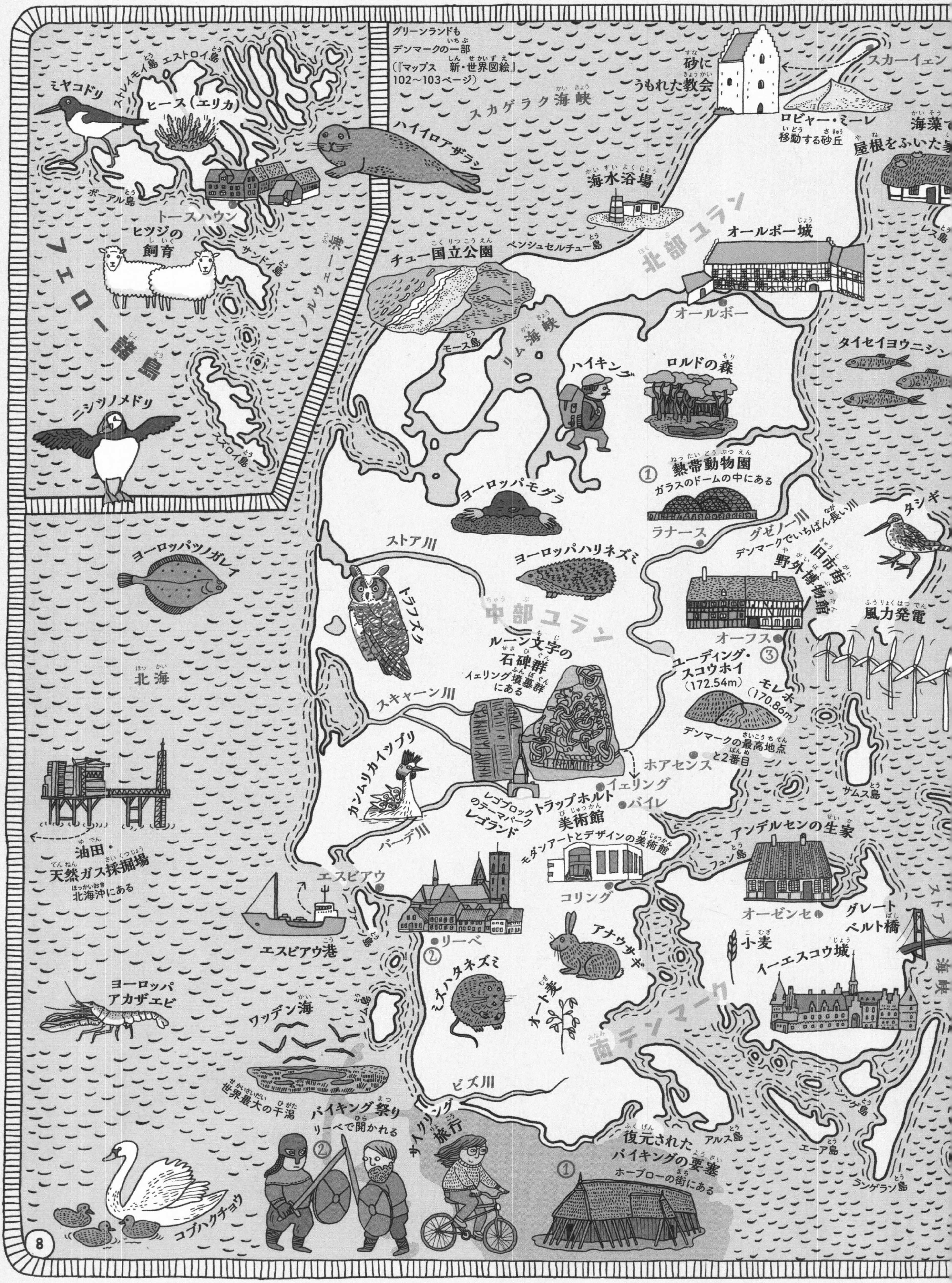
グリーンランドも
デンマークの一部《いちぶ》
（『マップス　新《しん》・世界図絵《せかいずえ》』
102～103ページ）
スカゲラク海峡《かいきょう》
砂《すな》に
うもれた教会《きょうかい》
スカーイェン
ロビャー・ミーレ
移動《いどう》する砂丘《さきゅう》
海藻《かいそう》で
屋根《やね》をふいた家
ハイイロアザラシ
海水浴場《かいすいよくじょう》
ベンシュセルチュー島《とう》
チュー国立公園《こくりつこうえん》
北部《ほくぶ》ユラン
オールボー城《じょう》
オールボー
レス島《とう》
リム海峡《かいきょう》
モース島《とう》
ハイキング
ロルドの森《もり》
タイセイヨウニシン
熱帯動物園《ねったいどうぶつえん》
①
ガラスのドームの中にある
ヨーロッパモグラ
ラナース
グゼノー川
デンマークでいちばん長《なが》い川
タシギ
旧市街《きゅうしがい》
野外博物館《やがいはくぶつかん》
ヨーロッパハリネズミ
中部《ちゅうぶ》ユラン
トラフズク
ストア川
風力発電《ふうりょくはつでん》
オーフス
③
ルーン文字《もじ》の
石碑群《せきひぐん》
イェリング墳墓群《ふんぼぐん》
にある
ユーディング・
スコウホイ
（172.54m）
モレホイ
（170.86m）
デンマークの最高地点《さいこうちてん》
と2番目《ばんめ》
ホアセンス
スキャーン川
カンムリカイツブリ
イェリング
バイレ
レゴブロック
のテーマパーク
レゴランド
トラップホルト
美術館《びじゅつかん》
サムス島《とう》
バーデ川
アンデルセンの生家《せいか》
モダンアートとデザインの美術館《びじゅつかん》
フュン島《とう》
ストア
エスビアウ
ファーノ島《とう》
コリング
オーゼンセ
グレート
ベルト橋《ばし》
海峡
リーベ
②
アナウサギ
小麦《こむぎ》
イーエスコウ城《じょう》
エスビアウ港《こう》
ミズハタネズミ
オート麦《むぎ》
南《みなみ》デンマーク
ヨーロッパ
アカザエビ
ワッデン海《かい》
レム島《とう》
世界最大《せかいさいだい》の干潟《ひがた》
ビズ川
バイキング祭《まつ》り
リーベで開《ひら》かれる
②
サイクリング
旅行《りょこう》
アルス島《とう》
復元《ふくげん》された
バイキングの要塞《ようさい》
①
ホーブローの街《まち》にある
ランゲラン島《とう》
エーア島《とう》
ーンゲ島《とう》
ミヤコドリ
ストレイモイ島《とう》
エストロイ島《とう》
ヒース（エリカ）
ボーアル島《とう》
トースハウン
ヒツジの
飼育《しいく》
サンドイ島《とう》
ノルウェー海《かい》
フェロー諸島《しょとう》
ニシツノメドリ
スズロイ島《とう》
ヨーロッパツノガレイ
北海《ほっかい》
油田《ゆでん》・
天然《てんねん》ガス採掘場《さいくつじょう》
北海沖《ほっかいおき》にある
コブハクチョウ

デンマーク
デンマーク王国《おうこく》
首都《しゅと》：コペンハーゲン
言語《げんご》：デンマーク語《ご》
フェロー語《ご》、グリーンランド語《ご》
人口：約《やく》580万人《まんにん》
面積《めんせき》：43,094km²
Danmark《デンマーク》
デンマーク語《ご》で書《か》いた国名《こくめい》
0 25 50 km
0 25 マイル
ティコ・ブラーエ
天文学者《てんもんがくしゃ》
ニールス・ボーア
物理学者《ぶつりがくしゃ》。
原子構造《げんしこうぞう》を研究《けんきゅう》
ハンス・クリスチャン・アンデルセン
童話作家《どうわさっか》
セーレン・キルケゴール
哲学者《てつがくしゃ》
家《いえ》をまもる
伝説上《でんせつじょう》の妖精《ようせい》
ニッセ
アドベント
キャンドル
クリスマスまでの24日間《かかん》、
毎日《まいにち》火《ひ》をともすろうそく
プルセボーン
ホットドッグの移動販売車《いどうはんばいしゃ》
ウルブロー
かたくなった
ライ麦《むぎ》パンを
ビールで煮《に》た
おかゆ
ヒュッゲ
「家族《かぞく》や友《とも》だちとすごす心地《ここち》よさ」
という意味《いみ》のデンマーク語《ご》
エミル
フレヤ
アンホルト
砂漠《さばく》
アンホルト島《とう》
カテガット海《かい》峡《きょう》
レバポスタイ
ブタのレバーペースト。
ラードを加《くわ》えて作《つく》る
エーブルフラシュク
焼《や》いたブタ肉《にく》と、リンゴと
タマネギのソテーをあえたもの
リースングロー
牛乳《ぎゅうにゅう》で米《こめ》を煮《に》こんだ
甘《あま》いおかゆ。
バターとシナモン
をかける
バドミントン
デーン人オジール
伝説上《でんせつじょう》の騎士《きし》
フレスケスタイ
ローストポーク。
切《き》れ目《め》を入れて
皮《かわ》をぱりぱりに焼《や》き、
ジャガイモをそえる
デンマーク内《ない》に数多《かずおお》く見られる
バイキングの集落《しゅうらく》の遺跡《いせき》
復元《ふくげん》された集落《しゅうらく》
サッカー
ゴルフ
ルイジアナ
近代美術館《きんだいびじゅつかん》
バイキングの長船《ながぶね》
クロンボー城《じょう》
アーアス湖《こ》
ヘルシングエーア
首都圏《しゅとけん》
エーレ海《かい》峡《きょう》
チボリ公園《こうえん》
遊園地《ゆうえんち》
クリスチャンスボー城《じょう》
ロスキレ大聖堂《だいせいどう》
コペンハーゲン
ロスキレ
シェラン
ニューハウン
地区《ちく》
運河《うんが》ぞいにカラフルな
家《いえ》がならぶ
アマー島《とう》
オペラハウス
人魚像《にんぎょぞう》
コペンハーゲンにある
オーフス市庁舎《しちょうしゃ》
アルネ・ヤコブセン
建築家《けんちくか》、
家具《かぐ》デザイナー
アントチェア
オースデーレ村の
風車《ふうしゃ》
ハマースフス城塞《じょうさい》
ライ麦《むぎ》
大麦《おおむぎ》
ボアディングボー城《じょう》
シェラン島《とう》はデンマーク
でいちばん大きい島《しま》
ムーン島《とう》
ムーン島《とう》の崖《がけ》
ニューケビング
中世《ちゅうせい》の街《まち》を復元《ふくげん》した
野外博物館《やがいはくぶつかん》
デンマーク
ロラン島《とう》
ファルスター島《とう》
ヨーロピアンスプラット
ウーナ・キャンガー
言語学者《げんごがくしゃ》。
専門《せんもん》は
アステカ語《ご》
カレン・ブリクセン
作家《さっか》。イサク・ディネセンの
名でも作品《さくひん》を発表《はっぴょう》
レネ
ボーンホルム島《とう》
「やまびこの谷《たに》」
はば約《やく》2km、長《なが》さ約《やく》15kmの谷《たに》。
崖《がけ》にむかってさけぶと、
やまびこがよくかえってくる
フェリー
バルト海《かい》

エストニア

首都《しゅと》：タリン

言語《げんご》：エストニア語《ご》 ロシア語《ご》

人口：約《やく》130万人《まんにん》

面積《めんせき》：45,228km²

フィンランド湾《わん》
エハルキビ
氷河《ひょうが》にはこばれてきた、
ヨーロッパ最大《さいだい》の巨石《きょせき》。
レティペア岬《みさき》にある
バラステの滝《たき》
カヘクサカント
刺繍《ししゅう》や装飾《そうしょく》で
使《つか》われる伝統的《でんとうてき》な
八芒星《はちぼうせい》の模様《もよう》
ビル湿原《しつげん》
ラヘマー国立公園内《こくりつこうえんない》
にある
タルバス
ラクベレの街《まち》にある
雄牛《おうし》の像《ぞう》
ナルバ城《じょう》
シラマエ
コフトラ・ヤルベ
ナルバ
ヤカラの滝《たき》
ラクベレ城《じょう》
ラクベレ
エストニアは
森《もり》が多《おお》い
ナルバ川
ナルバ湖《こ》
人造湖《じんぞうこ》
ヒグマ
マツ
ブルーベリー
ヤグルマギク
大麦《おおむぎ》
パイテ城《じょう》
イノシシ
フクロウ
シラカバ
パイテ
小麦《こむぎ》
ジャガイモ
ビーチ
ミユビゲラ
キツツキの
一種《いっしゅ》
スメルト
ワカサギににた魚《さかな》
ナタネ
パルヌ川
ペトヤ川
ポルツァマー川
シラカバの
葉《は》
きのこ狩《が》り
タマネギ
ノロジカ
ペイプシ湖
カラフトワシ
黒《くろ》パン ライ麦《むぎ》パン
ナベスティ川
ツバメ
ビリヤンディ城《じょう》のあと
中世《ちゅうせい》のドイツ騎士団《きしだん》の城《しろ》あと
タルト大学
ロソリエ
ビーツ、ジャガイモ、
ニシンのサラダ
塩漬《しおづ》けニシン
ピーリサール島《とう》
エマヨキ川
ブリーム
コイの一種《いっしゅ》
タルト
ビリヤンディ
ボルツヤルビ湖
ブタの血入り
ソーセージ
レイバズップ
黒《くろ》パンと
リンゴの甘《あま》いスープ
そり遊《あそ》び
ムルキ地方《ちほう》の
伝統的《でんとうてき》な刺繍《ししゅう》
スノーチュービング
スキー
ランミヤルビ湖
カマ
さまざまな穀類《こくるい》をいって
粉《こな》にしたもの。
ヨーグルトなどにまぜて
デザートに食《た》べる
オテパー
ピフクバ湖
セト地方《ちほう》の民族衣装《みんぞくいしょう》
小エマヨキ川
①
夏至祭《げしまつ》り
夏至《げし》の前夜《ぜんや》に
たき火をとびこえる
ボハント川
「タンメ・ラウリの
オーク」の大木
樹齢約《じゅれいやく》700年
伝統的《でんとうてき》なブローチ
セト地方《ちほう》の女性《じょせい》がつける
エストニア野外博物館《やがいはくぶつかん》
タリンにある。
昔《むかし》のいなかのくらしがわかる
歌《うた》とおどりの祭典《さいてん》
年に一度《いちど》開《ひら》かれ、何千人《なんぜんにん》もの
おどり手と歌《うた》い手が集《あつ》まる
①
バルカ
オオヤマネコ
カルラ国立公園《こくりつこうえん》で見られる
大ムナマキ山
エストニアでいちばん高い山
(318m)
スキー競技《きょうぎ》

歌《うた》とおどりの祭典《さいてん》
5年《ねん》に一度《いちど》開《ひら》かれ、何千人《なんぜんにん》ものおどり手《て》と歌《うた》い手《て》が集《あつ》まる
ナメイスの指輪《ゆびわ》
勇敢《ゆうかん》さをあらわす伝統的《でんとうてき》なデザインの指輪《ゆびわ》。
ナメイスは、ドイツ騎士団《きしだん》から国《くに》をまもった13世紀《せいき》の長《おさ》
ラトビア国立《こくりつ》図書館《としょかん》リガにある
②
リガのユーゲントシュティール建築《けんちく》
19〜20世紀初《せいきはじ》めの装飾《そうしょく》をほどこした建物《たてもの》
カレイ
イルベ海峡《かいきょう》
タイセイヨウダラ
スリーテレ国立公園《こくりつこうえん》
コルカ岬《みさき》
魚《さかな》の燻製《くんせい》
スリーテレ灯台《とうだい》
ベンツピルス港《こう》
ユリカモメ
ベンツピルス
ベンツピルス城《じょう》
リガ湾《わん》
「自由《じゆう》の記念碑《きねんひ》」
海岸《かいがん》に洞窟《どうくつ》が点在《てんざい》
「黒頭組合《こくとうくみあい》」会館《かいかん》
中世《ちゅうせい》に独身《どくしん》の商人《しょうにん》たちが集《つど》った建物《たてもの》
バルト海《かい》
ラトビアンブルー乳牛《にゅうぎゅう》
ベンタ川
ウズラクイナ
バードウォッチング
アババ川
ケメリ国立公園《こくりつこうえん》
海水浴場《かいすいよくじょう》
レンガの橋《はし》
クルティガ
こはく
かつての帝政《ていせい》ロシア・ソビエト連邦《れんぽう》の軍港《ぐんこう》あと
ベンタの滝《たき》
ヨーロッパでいちばん幅《はば》の広い滝《たき》(はば249m)
ユルマラ
①
リガ
②
ダウガバ川
スイティの女性《じょせい》の民族衣装《みんぞくいしょう》
先住民《せんじゅうみん》スイティはアルスンが村にすむ
リエルペ川
カッコウ
エルガバ宮殿《きゅうでん》
リンゴ
海水浴場《かいすいよくじょう》
泡《あわ》の模様《もよう》のサクタ(ブローチ)
民族衣装《みんぞくいしょう》につける
フタモンテントウ
イエツァバ川
ジャガイモ
エルガバ
リエパーヤ
リエパーヤ湖《こ》
ベツァウツェ・マナーハウス
かつての貴族《きぞく》の館《やかた》
ライ麦《むぎ》
ナタネ
メゾトネ宮殿《きゅうでん》
パペ自然公園《しぜんこうえん》の野生馬《やせいば》
ベンタ川
ナベコウ
ルンダーレ宮殿《きゅうでん》
ユルマラの木造《もくぞう》の古《ふる》い家《いえ》なみ
①
リエルワールデベルト
ヘラジカ
フユボダイジュの木
フユボダイジュの葉《は》
バウスカ城《じょう》
タイリクハクセキレイ
民族衣装《みんぞくいしょう》の帯《おび》
0 25 50 km
0 25 マイル
ラトビア共和国《きょうわこく》
ラトビア
フランスギク
オーク
ヨーロッパビーバー
シュバシコウ
首都《しゅと》:リガ
言語《げんご》:ラトビア語《ご》 ロシア語《ご》
人口:約《やく》190万人《まんにん》
面積《めんせき》:64,589km²
Latvija《ラトビヤ》
ラトビア語《ご》で書《か》いた国名《こくめい》
リーガ
ヤーニス
オークの実《み》と葉《は》
ヨーロッパハリネズミ
キタリス

エンゲル・アラ
「天使《てんし》の洞窟《どうくつ》」。
岩《いわ》の形《かたち》が天使《てんし》の羽《はね》に
にているとされる。
北《きた》ビゼメ生態系保護区《せいたいけいほごく》
にある
ラツィア川
ブルトニエキ湖《こ》
つり
カワカマス
松《まつ》ぼっくり
マツ
トウヒの木
トウヒの球果《きゅうか》
アーライシ湖《こ》の風車《ふうしゃ》
オオヤマネコ
オオアカゲラ
ボブスレー競技場《きょうぎじょう》
④先史時代《せんしじだい》の水上家屋《かおく》
アーライシ湖《こ》に復元《ふくげん》
スクランドラウシ
ジャガイモや
ニンジンを入れた、
ライ麦粉《むぎこ》の甘《あま》いパイ
ガウヤ川
バルミアラ
ツェシス城《じょう》
林業《りんぎょう》
ウヤ国立公園《こくりつこうえん》
ツェシス
リガトネ
遊歩道《ゆうほどう》
グルダ
トゥライダ城《じょう》
ガウヤ川
オグロシギ
ヨーロッパヤマカガシ
ラトビア式《しき》ピロシキ
ベーコンとタマネギを
入れて焼《や》く
ハイタカ
ペデゼ川
スキー
アトランティック
サーモン
スキー競技《きょうぎ》
スイバのスープ
ラーチュプレーシス
伝説《でんせつ》の英雄《えいゆう》
グレ
オグレ川
ガイジンシュ山
ラトビアでいちばん
高《たか》い山（312m）
ルバーンス湖《こ》
ラトビア最大《さいだい》
の湖《みずうみ》
アイビアクステ川
ルピマイゼ
ライ麦《むぎ》パン
陶器《とうき》
ラトビアは
森が多《おお》い
アイビアクステ川
クルストピルス城《じょう》
イェーカブピルス
ブルーベリー
伝統的《でんとうてき》な模様《もよう》、
形《かたち》の手あみミトン
レゼクネ
レゼクネ川
素焼《すや》きの鳥笛《とりぶえ》
ダウガバ川
ラーズナ湖《こ》
スイレン
ラーズナ
国立公園《こくりつこうえん》
メーメレ川
ゼムガレ地方《ちほう》の民族衣装《みんぞくいしょう》
アグロナ大聖堂《だいせいどう》
シダ
ラトビアの
民族衣装《みんぞくいしょう》の
模様《もよう》
アカマシコ
ダウガフピルス要塞《ようさい》
アシナガワシ
ヤーニュ・シエルス
キャラウェイシード入りのチーズ。
夏至祭《げしまつ》りに食《た》べる
マリス・
ヤンソンス
指揮者《しきしゃ》
色彩学《しきさいがく》を研究《けんきゅう》
クリシュヤーニス・
バロンス
民俗学者《みんぞくがくしゃ》。
ラトビアの民謡《みんよう》を集《あつ》めた
ウィルヘルム・
オストワルト
化学者《かがくしゃ》
ダウガフピルス
ダウガフピルスの出身《しゅっしん》の
マーク・
ロスコ
画家《がか》
コクレ
弦楽器《げんがっき》
夏至祭《げしまつ》り
聖《せい》ヨハネの日（6月24日）
の前夜《ぜんや》に祝《いわ》う
アイスホッケー
アイナ・
ムセニエス
免疫学者《めんえきがくしゃ》
ミハイル・
タリ
チェスの元世界《もとせかい》
チャンピオン
野《の》の花のかんむり
オークの葉《は》の
かんむり
夏至祭《げしまつ》りでかぶる
ビ
ゼ
ム
ガ
レ

バルト海《かい》
こはく
キリスト教以前《きょういぜん》の
多神教《たしんきょう》の祭祀場《さいしじょう》
神《かみ》をかたどった
木製《もくせい》の柱《はしら》が
復元《ふくげん》されている
マジェイケイ製油所《せいゆじょ》
長《なが》い桟橋《さんばし》
長《なが》さ460m
帆船《はんせん》メリディアナス号《ごう》
パランガ
クレチンガ
ドラマ劇場《げきじょう》
クライペダ港《こう》
クライペダ
ジェマイティヤ国立公園《こくりつこうえん》
プオケ村の巨石《きょせき》
氷河《ひょうが》にはこばれてきた
プラテリアイ湖《こ》
ジェマイティヤ
民俗博物館《みんぞくはくぶつかん》
マジェイケイ
司教《しきょう》の館《やかた》
テルシェイ
プルンゲ
ベンタ川
十字架《じゅうじか》の丘《おか》
キリスト教《きょう》の巡礼地《じゅんれいち》
「金の少年《しょうねん》」
射手《しゅしゃ》の像《ぞう》
シャウレイ
ジェマイティヤ地方《ちほう》の
民族衣装《みんぞくいしょう》
ジェマイティヤ
小リトアニア
ミニヤ川
ナタネ
ジャガイモ
ミング村
「リトアニアのベネチア」
といわれる
クレナス
クルシュー潟《がた》で使《つか》われていた
伝統的《でんとうてき》な漁船《ぎょせん》
クルシュー砂州《さす》
クルシュー潟《がた》
ユーラ川
復元《ふくげん》された
古代《こだい》の民家《みんか》
「ヨーロッパ最古《さいこ》の博物館《はくぶつかん》」といわれる。ビヨタイ村にある
リンゴの木
ジェマイトゥカス
リトアニア原産《げんさん》のポニー
タウラゲ城《じょう》
タウラゲ
小麦《こむぎ》
黄金色《こがねいろ》の浜辺《はまべ》
砂丘《さきゅう》
風見《かざみ》
伝統的《でんとうてき》な漁船《ぎょせん》クレナスの
マストのてっぺんにある
ベンテ岬《みさき》
渡《わた》り鳥《どり》の標識調査《ひょうしきちょうさ》の
ための施設《しせつ》がある
ネマン川
ネマン川
スキランディス
ブタの胃袋《いぶくろ》などで作《つく》る、
丸《まる》い形《かたち》をしたソーセージ
クルシュー砂州国立公園《さすこくりつこうえん》
ベーダライ
マッシュポテトの
腸《ちょう》づめ
ケシの実《み》入りの菓子《かし》パン
生地《きじ》をうすく伸《の》ばし、
ケシの実《み》をのせて
何層《なんそう》にもまく
ビンツァス・クディルカ
国歌《こっか》を作詞《さくし》、作曲《さっきょく》した
詩人《しじん》、医師《いし》。
ミカロユス・コンスタンティナス・チュルリョーニス
作曲家《さっきょくか》、
画家《がか》
テンサイ
スバルキヤ
ミンダウガス
リトアニア史上《しじょう》
唯一《ゆいいつ》の王。
リトアニアを建国《けんこく》した
ツェペリナイ
ジャガイモのだんご。
ひき肉《にく》をつつんでゆでる
ライ麦《むぎ》パン
クルビエネ
カモやアヒルの血《ち》で
作《つく》るスープ
シャルティバルシチェイ
ビーツの冷《つめ》たいスープ。
ジャガイモ、ゆで卵《たまご》をそえる
マリヤンポレ駅《えき》
マリヤンポレ
ビシュティーティス湖《こ》
シェシュペ川
ペンルーダ
ハーブ
0 25 50 km
0 25 マイル
ステポナス・ダリウス（左）とスタシス・ギレナス
大西洋無着陸横断飛行《たいせいようむちゃくりくおうだんひこう》に挑戦《ちょうせん》
カンクレス
弦楽器《げんがっき》
リトアニア
リトアニア共和国《きょうわこく》
首都《しゅと》：ビリニュス
言語《げんご》：リトアニア語《ご》
ロシア語《ご》、ポーランド語《ご》
人口：約《やく》280万人《まんにん》
面積《めんせき》：65,300km²
Lietuva《リエトゥバ》
↑
リトアニア語《ご》で
書《か》いた国名《こくめい》
ガビヤ
マタス
騎士《きし》
リトアニアの国章《こくしょう》に
かかれている
バスケットボール
スクラバライ
音階《おんかい》のちがう木製《もくせい》の
ベルをたたいて
ならす楽器《がっき》

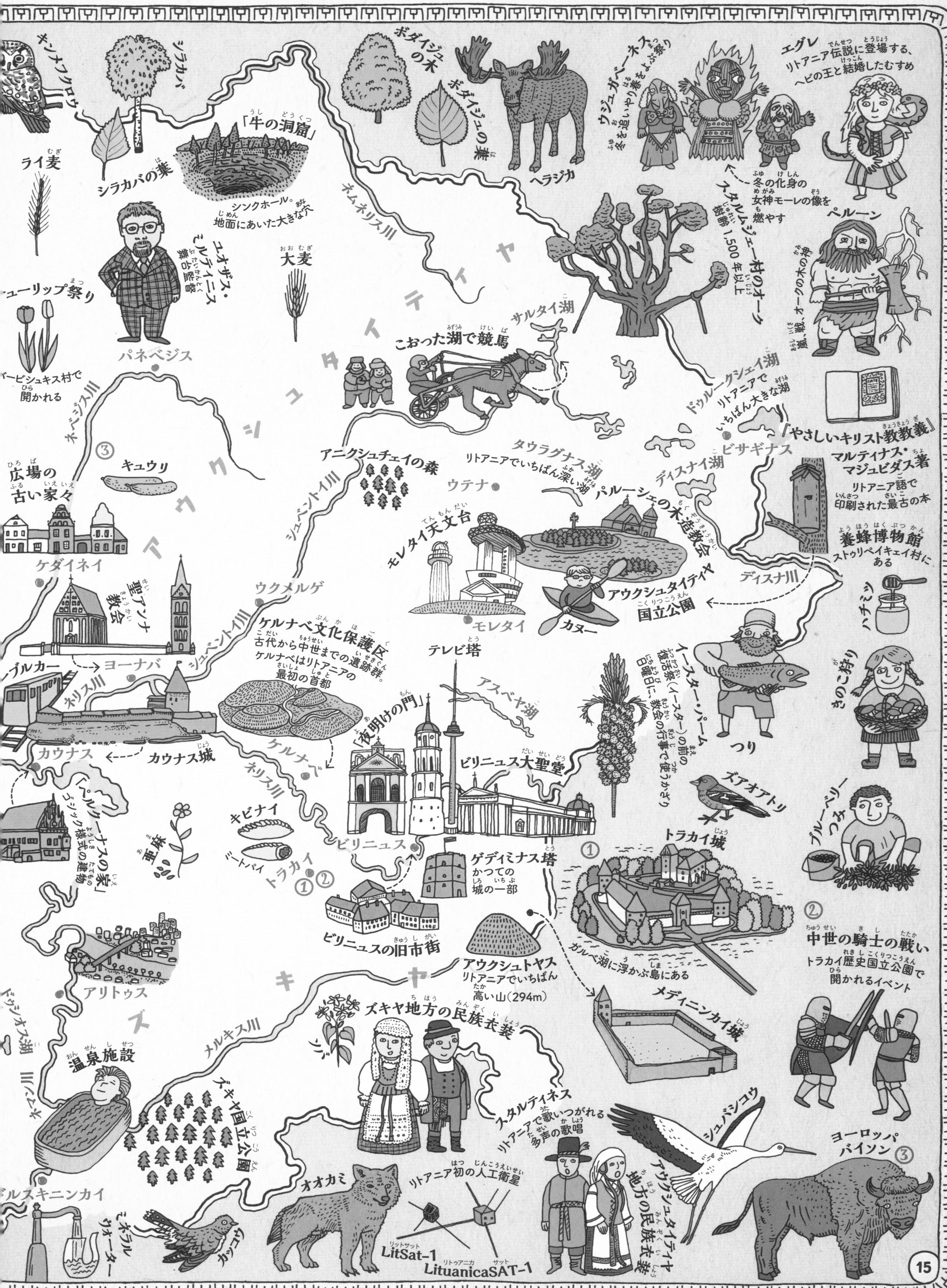

キンメフクロウ
シラカバ
シラカバの葉《は》
ライ麦《むぎ》
「牛《うし》の洞窟《どうくつ》」
シンクホール。地面《じめん》にあいた大きな穴《あな》
ボダイジュの木
ボダイジュの葉《は》
ヘラジカ
ネムネリス川
ユオザス・ミルティニス 舞台監督《ぶたいかんとく》
大麦《おおむぎ》
ューリップ祭《まつ》り
ービシュキス村で開《ひら》かれる
パネベジス
ウジュガベーネス 冬《ふゆ》を追《お》いやり春《はる》をよぶ祭《まつ》り
冬《ふゆ》の化身《けしん》の女神《めがみ》モーレの像《ぞう》を燃《も》やす
エグレ
リトアニア伝説《でんせつ》に登場《とうじょう》する、ヘビの王と結婚《けっこん》したむすめ
スタルムジェー村のオーク 樹齢《じゅれい》1,500年以上《いじょう》
ペルーン
嵐《あらし》、雷《かみなり》、オークの木の神《かみ》
サルタイ湖《こ》
こおった湖《みずうみ》で競馬《けいば》
アウクシュタイティヤ
ドゥルークシェイ湖《こ》
リトアニアでいちばん大きな湖《みずうみ》
ビサギナス
『やさしいキリスト教教義《きょうきょうぎ》』
マルティナス・マジュビダス著《ちょ》
リトアニア語《ご》で印刷《いんさつ》された最古《さいこ》の本
ネベジス川
③
キュウリ
広場《ひろば》の古《ふる》い家々《いえいえ》
ケダイネイ
アニクシュチェイの森
シュベントイ川
タウラグナス湖《こ》
リトアニアでいちばん深《ふか》い湖《みずうみ》
ウテナ
ディスナイ湖《こ》
パルーシェの木造教会《もくぞうきょうかい》
養蜂博物館《ようほうはくぶつかん》
ストゥリペイキェイ村にある
ハチミツ
モレタイ天文台《てんもんだい》
ディスナ川
アウクシュタイティヤ国立公園《こくりつこうえん》
カヌー
モレタイ
聖《せい》アンナ教会《きょうかい》
ウクメルゲ
ケルナベ文化保護区《ぶんかほごく》
古代《こだい》から中世《ちゅうせい》までの遺跡群《いせきぐん》。ケルナベはリトアニアの最初《さいしょ》の首都《しゅと》
テレビ塔《とう》
イースター・パーム
復活祭《ふっかつさい》(イースター)の前《まえ》の日曜日《にちようび》に、教会《きょうかい》の行事《ぎょうじ》で使《つか》うかざり
つり
きのこ狩《が》り
ーブルカー
ヨーナバ
ネリス川
シュベントイ川
アスベヤ湖《こ》
「夜明《よあ》けの門《もん》」
カウナス
カウナス城《じょう》
ケルナベ
ネリス川
ビリニュス大聖堂《だいせいどう》
ズアオアトリ
「ペルクーナスの家《いえ》」
ゴシック様式《ようしき》の建物《たてもの》
亜麻《あま》
キビナイ
ミートパイ
トラカイ
① ②
ビリニュス
ゲディミナス塔《とう》
かつての城《しろ》の一部《いちぶ》
ブルーベリーつみ
トラカイ城《じょう》
①
ビリニュスの旧市街《きゅうしがい》
ガルベ湖《こ》に浮《う》かぶ島《しま》にある
②
中世《ちゅうせい》の騎士《きし》の戦《たたか》い
トラカイ歴史国立公園《れきしこくりつこうえん》で開《ひら》かれるイベント
アリトゥス
ズ キ ヤ
アウクシュトヤス
リトアニアでいちばん高《たか》い山(294m)
メディニンカイ城《じょう》
ドゥシオス湖《こ》
ネムナス川
温泉施設《おんせんしせつ》
メルキス川
ズキヤ地方《ちほう》の民族衣装《みんぞくいしょう》
シナノキ
ズキヤ国立公園《こくりつこうえん》
スタルティネス
リトアニアで歌《うた》いつがれる多声《たせい》の歌唱《かしょう》
シュバシコウ
ヨーロッパバイソン ③
ルスキニンカイ
ミネラルウォーター
カッコウ
オオカミ
リトアニア初《はつ》の人工衛星《じんこうえいせい》
LitSat-1《リットサット》
LituanicaSAT-1《リトゥアニカサット》
アウクシュタイティヤ地方《ちほう》の民族衣装《みんぞくいしょう》

アゾレス諸島《しょとう》
① ② ③ ④
大西洋《たいせいよう》
0 100 200 km
0 100 マイル
バードウォッチング
バルセロスのおんどり
中世《ちゅうせい》の伝説《でんせつ》から生まれたモチーフ
石づくりの高床式倉庫《たかゆかしきそうこ》
ソアージョ村で使《つか》われている
ヨーロッパケナガイタチ
⑤ ブラガ・ロマーナ
古代《こだい》ローマ人が作《つく》った都市ブラガでおこなわれる
ペネダジェレス国立公園《こくりつこうえん》
ミーニョ川
リマ川
カバド川
イワシ
コルボ島《とう》
フローレス島《とう》
0 25 km
0 10 マイル
ノ
ル
テ
牛の飼育《うししいく》
ジョーゴ・ド・パウ
武術《ぶじゅつ》
トウモロコシ
ブラガ ⑤
ギマランイス城《じょう》
ギマランイス
月桂樹《げっけいじゅ》
アングラ・ド・エロイズモの臨海地区《りんかいちく》
ポルトの臨海地区《りんかいちく》
バルカンミミズトカゲ
ドウロ川
イベリアオオカミ
グラシオーザ島《とう》
サン・ジョルジェ チーズ
アングラ・ド・エロイズモ
テルセイラ島《とう》
ピコ山
ポルトガルでいちばん高《たか》い山（2,351m）
サン・ジョルジェ島《とう》
ファイアル島《とう》
ピコ島《とう》
ポルト
ビラ・ノーバ・デ・ガイア
タメガ川
アルト・ドウロ渓谷《けいこく》
ワインの生産《せいさん》がさかん
ドウロ川
ラベロ
伝統的《でんとうてき》な小舟《こぶね》。ドウロ川でワインをはこぶのに使《つか》われた
コア渓谷《けいこく》の岩壁画《がんぺきが》
先史時代《せんしじだい》に馬《うま》やシカ、牛《うし》などの絵《え》が彫られた
サッカー
作家《さっか》
ジョゼ・サラマーゴ
ビゼウ大聖堂《だいせいどう》
ボウガ川
ビゼウ
アベイロ
魚市場《うおいちば》
ロ
ト
パイナップル
アゾレスウソ
ポンタ・デルガーダ
サン・ミゲル島《とう》
モリセイロ
伝統的《でんとうてき》な小舟《こぶね》。
海藻《かいそう》をとってはこぶのに使《つか》われた
ポルトガル最古《さいこ》の大学
コインブラ大学
コインブラ
エストレーラ山脈《さんみゃく》
トーレ
ポルトガル本土の最高地点《さいこうちてん》（1,993m）
スキー
フェルディナンド・マゼラン
スペイン王の命《めい》で、西回《にしまわ》りの世界一周《せかいいっしゅう》の船団《せんだん》を率《ひき》い、航海中《こうかいちゅう》に亡《な》くなった
バスコ・ダ・ガマ
ヨーロッパからインドへの東回《ひがしまわ》りの航路《こうろ》を発見《はっけん》した
ゼーゼレ川
ソ
キクイタダキ
サンタ・マリア島《とう》
タイセイヨウサバ
ニシマアジ
ビクトリア号《ごう》
マゼランが率《ひき》いたスペインの船団《せんだん》の1隻《せき》。
この船《ふね》だけが世界初《せかいはつ》の世界一周《せかいいっしゅう》に成功《せいこう》して帰還《きかん》
セ
キリスト修道院《しゅうどういん》
セーラ・ダ・エストレーラ
ヒツジの乳《ちち》のやわらかいチーズ
モンサント村
屋根《やね》や壁《かべ》に巨岩《きょがん》を利用《りよう》した家《いえ》が見られる
ルイス・バス・デ・カモンイス
詩人《しじん》
アズレージョ
絵《え》や模様《もよう》をかいたタイル
ジョ川

ポルトガル
首都《しゅと》：リスボン
言語《げんご》：ポルトガル語《ご》
人口：約《やく》1,030万人《まんにん》
面積《めんせき》：92,090km²
ポルトガル共和国《きょうわこく》
Portugal
ポルトゥガル
ポルトガル語《ご》で
書《か》いた国名《こくめい》
0 25 50 km
0 25 マイル
ポルトガル式《しき》の
歩道《ほどう》
小石で模様《もよう》を
かいた
伝統的《でんとうてき》な
石だたみの
歩道《ほどう》
「ファドの女王」アマリア・ロドリゲス
ファドは、ポルトガルギターとクラシックギターを
伴奏《ばんそう》にした大衆歌謡《たいしゅうかよう》
ポルトガルギター
イベリコブタ
コジード・ア・
ポルトゥゲーザ
数種《すうしゅ》の肉《にく》と野菜《やさい》、米《こめ》、
ジャガイモなどの煮《に》こみ
サルディーニャス・
アサーダス
イワシの塩焼《しおや》き
パステル・デ・ナタ
エッグタルト
バカリャウ
タラの塩漬《しおづ》けの干
チョリソー
燻製《くんせい》パプリカ入りの
ソーセージ
カルド・ベルデ
ジャガイモのスープ。
ケールとチョリソー入り
ヨーロッパヤマネコ
ポルタレグレ
ヒメハイイロチュウヒ
オビドス城《じょう》
テージョ
ラベンダー
ソライア川
古代《こだい》ローマ時代《じだい》の遺跡《いせき》
エボラ
人骨礼拝堂《じんこつれいはいどう》
米《こめ》
大麦《おおむぎ》
小麦《こむぎ》
ベージャ城《じょう》
ベージャ
オリーブ
コルクガシ
コルクの生産《せいさん》
コルクガシの皮《かわ》から作《つく》る
サード川
ミーラ川
グアディアーナ川
セミ
トマト
イチジク
アレンテージョ
アルガルヴェ
海水浴場《かいすいよくじょう》
ファーロ
岩《いわ》や崖《がけ》の多《おお》い
海岸線《かいがんせん》
イソヒヨドリ
サン・
ビセンテ岬《みさき》
ジョアン
ベアトリス
漁船《ぎょせん》
大西洋《たいせいよう》
コメルシオ広場《ひろば》
リスボン
リシュボア
ロカ岬《みさき》
ベレンの塔《とう》
セトゥーバル
「4月25日」橋《ばし》
革命記念日《かくめいきねんび》にちなんで名づけられた
サーフィン
カラベル船《せん》
15～16世紀《せいき》に
ポルトガルの
探検家《たんけんか》たちが
のった、小型《こがた》の帆船《はんせん》
月桂樹《げっけいじゅ》の森
バナナ
海水浴場《かいすいよくじょう》
マデイラ諸島《しょとう》
マデイラ
キクイタダキ
ポルト・サント島《とう》
ルイボ山
（1,862m）
マデイラ
カベカナヘビ
フンシャル
マデイラ島《とう》
ブドウの栽培《さいばい》
大西洋《たいせいよう》
デゼルタス諸島《しょとう》
木の人形《にんぎょう》
カスタネット
ブリンキーニョ
楽器《がっき》。棒《ぼう》をたてに動《うご》かして
カスタネットをならす
クロタチ
モドキ
0 25 50 km
0 25 マイル

マダライタチ
中世《ちゅうせい》の要塞《ようさい》
ババ・ビダ城《じょう》
クリスト
芸術家《げいじゅつか》。妻《つま》の
ジャンヌ＝クロードと共同《きょうどう》で
パブリックアートを制作《せいさく》
「囲《かこ》まれた島《しま》」
クリストの作品《さくひん》
ジュリア・
クリステバ
哲学者《てつがくしゃ》
チュシコペック
パプリカ焼《や》き器《き》
キンイロジャ
スタメン・グリゴロフ
医師《いし》。
ヨーグルトに
乳酸菌《にゅうさんきん》を発見《はっけん》
ハナダカクサ
マグラ洞窟《どうくつ》の壁画《へきが》
ドナウ川
チチュウカイキクガシラコウモリ
ベログラトチク要塞《ようさい》
ガドゥルカ
トウモロコシ
ヒマワリ
コム・エミネ・トレイル
バルカン山脈《さんみゃく》のコム峰《ほう》と、黒海《こっかい》に面《めん》した
エミネ岬《みさき》をむすぶハイキングルート
イスカル川
露土戦争《ろとせんそう》の記念館《きねんかん》
壁一面《かべいちめん》に戦争《せんそう》の様子《ようす》
がかかれている
プレベン
オスム川
キタハリネズ
ニュートン
ハムスター
チプロフツィ地方《ちほう》の
じゅうたん
クケリ
春《はる》をよぶ祭《まつ》り。
仮面《かめん》をかぶり毛皮《けがわ》を着《き》た
「クケリ」が悪霊《あくりょう》と冬《ふゆ》を追《お》いはらう
バ
ル
カ
デベタシュカ
洞窟《どうくつ》
オスム川
ライスコ・
プリスカロ滝《たき》
ブルガリアで
最大《さいだい》の落差《らくさ》
アレクサンドル・
ネフスキー大聖堂《だいせいどう》
オオヤマネコ
トロヤン陶器《とうき》
ボヤナ教会《きょうかい》
ソフィア
ビトシャ山
スレドナ・ゴラ山脈《さんみゃく》
ローズオイル
古代《こだい》トラキア人の
墳墓《ふんぼ》の壁画《へきが》
カザン
古代《こだい》ローマ
時代《じだい》の劇場《げきじょう》
ムサラ山
ブルガリアでいちばん
高《たか》い山（2,925m）
リラ修道院《しゅうどういん》①
①「リラの
七つの湖《みずうみ》」
ストルマ川
リラ山脈《さんみゃく》
マリツァ川
旧市街《きゅうしがい》
プロブディフ
グラニット村の
オークの木
ブルガリア最古《さいこ》の木
樹齢《じゅれい》1,600年以《いじ》
シャモア
スキー
②
バラ祭《まつ》り
ピリン
国立公園《こくりつこうえん》
「すばらしい橋《はし》」
アーチ状《じょう》の奇岩群《きがんぐん》
ロドピ山脈《さんみゃく》
バチコボ修道院《しゅうどういん》
ピリン山脈《さんみゃく》
砂岩《さがん》の奇観《きかん》
「メルニク村の
ピラミッド」
③
「バイクシェフの松《まつ》」
ピリン山脈《さんみゃく》にある。
樹齢《じゅれい》1,300年以上《いじょう》
ピリン山脈《さんみゃく》の
固有種《こゆうしゅ》の花
ピリンポピー
ケシの一種《いっしゅ》
センタウレア・
アフタロビー
ヤグルマギクの一種《いっしゅ》
ガイダ
バグパイプの一種《いっしゅ》
ヒグマ
ロ－ゼン修道院《しゅうどういん》
③

キダチハッカ
チュブリツァ
キダチハッカの
香辛料《こうしんりょう》
ボブチョルバ
インゲン豆《まめ》のスープ
タラトル
ヨーグルトとキュウリの
冷《つめ》たいスープ
ボザ
小麦《こむぎ》やキビなどを
発酵《はっこう》させた飲《の》みもの
ヨーグルト
バニツァ
チーズ入りのパイ
シレネ
塩漬《しおづ》けにしたチーズ
ショプスカサラダ
トマト、パプリカ、キュウリ、
タマネギのサラダ。
おろしたシレネをかける
ギュベチ
野菜《やさい》と肉《にく》の煮《に》こみ。
「ギュベチ」という
土なべを使《つか》う
ケバプチェ
ひき肉《にく》を
こねて焼《や》いた
料理《りょうり》
ドナウ川
スレバルナ自然保護区《しぜんほごく》
ヨーロッパとアフリカを
行《ゆ》き来《き》する渡《わた》り鳥《どり》の中継地《ちゅうけいち》
小麦《こむぎ》
ルセ
スベシュタリ村の
古代《こだい》トラキア人《じん》の
墳墓《ふんぼ》
マダラの騎士像《きしぞう》
高原《こうげん》の崖《がけ》のレリーフ
バルナ遺跡《いせき》の墓《はか》で出土。
6,000年以上《いじょう》
前《まえ》のもの
金の装飾品《そうしょくひん》
ドブリチ
古代《こだい》ローマ時代《じだい》の
公衆浴場《こうしゅうよくじょう》あと
ヨーロッパヒメウ
イバノボ村の
岩窟教会群《がんくつきょうかいぐん》
中世《ちゅうせい》の教会《きょうかい》や修道院《しゅうどういん》のあと
ヤントラ川
ツァレベッツ要塞《ようさい》
シュメン要塞《ようさい》の
遺跡《いせき》
シュメン
ゴリャマ・
カムチヤ川
ポビティ・カマニ
奇岩群《きがんぐん》
バルナ
バルナ湖《こ》
ヨーロピアン
スプラット
脈《みゃく》
山《さん》
カムチヤ川
「バラの谷《たに》」
ルダ・カムチヤ川
ネセバルの旧市街《きゅうしがい》
アタナソフスコ湖《こ》
塩湖《えんこ》
ネズミイルカ
スリベン
バードウォッチング
ネセバル
海水浴場《かいすいよくじょう》
ブルガス湖《こ》
ブルガス
ブドウ
スターラ・ザゴラ
ラベンダー
ラベンダー
オイル
トゥンジャ川
マンドレンスコ湖《こ》
ソゾポル
先史時代《せんしじだい》の土器《どき》
スターラ・ザゴラの
新石器時代住居博物館《しんせっきじだいじゅうきょはくぶつかん》に展示《てんじ》
綿花《めんか》
古代《こだい》ローマ
時代《じだい》のコイン
デウルトゥム遺跡《いせき》で出土
木造《もくぞう》の古《ふる》い
家々《いえいえ》
海水浴場《かいすいよくじょう》
黒海《こっかい》
ネスティナルストボ
熱《あつ》い炭《すみ》の上をはだしで
おどる儀式《ぎしき》
海辺《うみべ》で
バカンス
カタジロワシ
トルコモグラ
ペルペリコン遺跡《いせき》
トラキア人の古代都市《こだいとし》のあと
ブルガリア共和国《きょうわこく》
バルカンミドリカナヘビ
アルダ川
ディミタール
ダリア
マルテニッツァ
春《はる》のおとずれを
祝《いわ》う毛糸《けいと》の人形《にんぎょう》
ブルガリア
首都《しゅと》：ソフィア
言語《げんご》：ブルガリア語《ご》 トルコ語《ご》、ロマニ語《ご》
ハイイロオオカミ
0 25 50 km
0 25 マイル
България《ブルガリア》
ブルガリア語《ご》で書《か》いた国名《こくめい》
人口：約《やく》690万人《まんにん》
面積《めんせき》：110,994km²

スロバキア
スロバキア共和国《きょうわこく》
0 25 50 km
0 25 マイル
首都《しゅと》：ブラティスラバ
言語《げんご》：スロバキア語《ご》
人口：約《やく》550万人《まんにん》
面積《めんせき》：49,035km^2
Slovensko《スロベンスコ》
スロバキア語《ご》で書《か》いた国名《こくめい》
キバライモリ
巨大《きょだい》な石球《せっきゅう》
キスツェ自然保護区《しぜんほごく》で見られる
ヒグマ
カルパ
オラバ湖《こ》
壁《かべ》に模様《もよう》がかかれた家々《いえいえ》
チチマニ村にある
プルサティラ・スラビカ
オキナグサの一種《いっしゅ》
ルカシュ
ナターリア
キェルプツェ
山岳地方《さんがくちほう》の革靴《かわぐつ》
クリジュス・シンナベリヌス
ヒラタムシの一種《いっしゅ》
中世《ちゅうせい》の王
マティアス1世《せい》のボダイジュ
樹齢《じゅれい》700年以上《いじょう》
トレンチーン城《じょう》
マリアーン広場《ひろば》の古《ふる》い家々《いえいえ》
ジリナ
古《ふる》い民家《みんか》が保存《ほぞん》されている野外博物館《やがいはくぶつかん》
マルティン
ニーズケ・
マティアス1世《せい》の館《やかた》
かたむいた時計塔《とけいとう》
ズボレン
トレンチーン
ボイニツェ城《じょう》
プリエビザ
バンスカー・ビストリツァ
バンスカー・シュティアブニツァ新城《しんじょう》
ズボレン
ヨーロッパビーバー
小カルパティ山脈《さんみゃく》
聖《せい》ヨハネ大聖堂《だいせいどう》
バーフ川
ニトラ城《じょう》
ニトラ川
野外鉱山博物館《やがいこうざんはくぶつかん》
STOLŇA BARTOLOMEJ
かつて金《きん》と銀《ぎん》の産地《さんち》だった
バンスカー・シュティアブニツァ
フラブネー広場《ひろば》
ブラティスラバの中心《ちゅうしん》にある広場《ひろば》
トルナバ
聖《せい》マルティン大聖堂《だいせいどう》
モラバ川
ブラティスラバ
ニトラ
ドナウイトウ
小麦《こむぎ》
トウモロコシ
ベリキー・ロム村の花嫁《はなよめ》の伝統的《でんとうてき》な頭《あたま》かざり
イペリ川
スカリチキー・トルデルニク
生地《きじ》を棒《ぼう》にまいて焼《や》いた菓子
ブラティスラバ城《じょう》
木だけで作《つく》られた、ヨーロッパでいちばん長《なが》い橋《はし》。長《なが》さ86m
フロン川
テンサイ
犬ぞりレース
コラロボの街《まち》の木橋《もくきょう》
ドナウ川
ロクサ
ジャガイモ入りの生地《きじ》で作《つく》るうすいパン
ブリンゾベー・ハルシュキ
ジャガイモのだんごをヒツジの乳《ちち》のチーズであえ、ベーコンをそえた料理《りょうり》
ブヒー・ナ・パレ
むしたジャムパン。ケシの実《み》をまぶす
ジンチツァ
ヤギの乳清《にゅうせい》で作《つく》る飲みもの
ブリンザ
ヒツジの乳《ちち》のチーズ
スノーチュービング
ハブラノク野外考古学博物館《やがいこうこがくはくぶつかん》
古代《こだい》のケルトの村を復元《ふくげん》
ブルコリニェツの古《ふる》い家々《いえいえ》
ヤテルニツェ
ブタの臓物《ぞうもつ》と米《こめ》で作《つく》るソーセージ
リプトフスカー・ナーティエルカ
ヒツジのチーズのペースト
ブラティスラバ風ロジョク
菓子《かし》パン
ビール
カプストニツァ
キャベツの漬《つ》けもののスープ

① デマノフスカ洞窟《どうくつ》
氷《こおり》の洞窟《どうくつ》
オシュティエポク
タトラ山脈地方《さんみゃくちほう》で作《つく》られる、ヒツジの乳《ちち》のチーズ
② 「死《し》んだコウモリの洞窟《どうくつ》」
コウモリの骨《ほね》がたくさん見つかった
ティ
ア
山《さん》
脈《みゃく》
④ 国立《こくりつ》公園内《こうえんない》のハイキングコース
ホオヒゲコウモリ
登山《とざん》
ヨーロッパオオヤマネコ
モリオナガネズミ
聖《せい》アエギディウス教会《きょうかい》
ボドルジャル村の聖《せい》ニコラス教会《きょうかい》
ギリシャ正教《せいきょう》の木造教会《もくぞうきょうかい》
ブナの実《み》と葉《は》
ブナの木
ゲルラッハ
スロバキアの最高地点《さいこうちてん》
(2,655m)
ロムニキー峰《ほう》
ポプラト川
地《ち》
山《さん》
リ
ト
タ
バルデヨフ
バルデヨフ市庁舎《しちょうしゃ》
西《にし》スキティ山《さん》脈《みゃく》
ベルケ・ヒンコボ湖《こ》
ソケ・
スピシュスカー・ソボタ
歴史地区《れきしちく》
ラコツィ宮殿《きゅうでん》
トプラ川
プレショフ
ルスカー・ビストラー村の聖《せい》ニコラス教会《きょうかい》
ギリシャ正教《せいきょう》の木造教会《もくぞうきょうかい》
ポロニニ国立公園《こくりつこうえん》
ポプラト
オンダバ川
聖《せい》エリザベス大聖堂《だいせいどう》
タトラ山《さん》脈《みゃく》
スピシュ城《じょう》
聖《せい》ウルバンの鐘楼《しょうろう》
④ スロバキア・パラダイス国立公園《こくりつこうえん》
コシツェ
クラスナホルカ城《じょう》
鉄鋼業《てっこうぎょう》
ヘルラニー村の間欠泉《かんけつせん》
スロベンスケー・ルドホリエ山《さん》脈《みゃく》
バードウォッチング
ドミツァ洞窟《どうくつ》
洞窟内《どうくつない》の「黄泉《よみ》の川」でボートにのることができる
ナマズ
スロバキアチュバック犬
牧羊犬《ぼくようけん》
ドナウザリガニ
大麦《おおむぎ》
ヒメオオモズ
ナベコウ
ヨーロッパクサリヘビ
オオアカゲラ
カベバシリ
オコジョ
ヤツガシラ
ホウジャク
ユライ・ヤーノシーク
国民的英雄《こくみんてきえいゆう》になった17世紀《せいき》の盗賊《とうぞく》
ステップケナガイタチ
温泉施設《おんせんしせつ》
ヨーロッパアナグマ
アイスホッケー
SLOVEN
ライチョウ
オゼモク
牧夫《ぼくふ》たちの民族舞踊《みんぞくぶよう》
リュドミラ・パイドゥシャーコバー
天文学者《てんもんがくしゃ》
ジョン・ドピエラ
発明家《はつめいか》。ギターのブランド「ドブロギター」の創始者《そうししゃ》
イザベラ・テクストリンバー
植物学者《しょくぶつがくしゃ》
モレナ
スラブ神話《しんわ》の冬《ふゆ》と死《し》の女神《めがみ》。
春《はる》のはじまりの日にモレナの人形《にんぎょう》を川にしずめる伝統《でんとう》がある
フヤラ
ヒツジ飼《か》いの大型《おおがた》の笛《ふえ》
エリシマム
五月祭《ごがつさい》のメイポール
5月1日に立《た》てる
ウォールフラワー(アブラナ科《か》)の一種《いっしゅ》
コンツォフカ
ヒツジ飼《か》いの笛《ふえ》

ロバーシュ文字《もじ》
ハンガリーの古代文字《こだいもじ》
イースターエッグ
絵《え》つけした卵《たまご》
チャールダーシュ
ハンガリーの民族舞踊《みんぞくぶよう》
エステルハージ宮殿《きゅうでん》
③
ハイイロチュウヒ
ヒゲガラ
ムラサキサギ
コビトウ
ショプロンの火の見やぐら
塩水湖《えんすいこ》
フェルテー湖《こ》
(ノイジードル湖《こ》)
ウインドサーフィン
ショプロン
③
セーカーハヤブサ
復元《ふくげん》された
古代《こだい》ローマ時代《じだい》の
イシス神殿《しんでん》
ヤーク村の
ロマネスク様式《ようしき》
の教会《きょうかい》
ソンバトヘイ
ケーセグ
山脈《さんみゃく》
ハンガリー小《しょう》平《へい》原《げん》
ハンガリー原産《げんさん》の犬
コモンドル犬
牧羊犬《ぼくようけん》
ビジュラ犬
プリ犬
マーチャーシュ教会《きょうかい》の屋根《やね》①
ジョルナイ焼《や》きの
瓦《かわら》が使《つか》われている
ブダペストにある温泉《おんせん》
①
ジェール大聖堂《だいせいどう》の
聖《せい》ラースローの
胸像《きょうぞう》
聖遺物《せいいぶつ》が
入っている
シメ
①
ブダペストの英雄広場《えいゆうひろば》
ジェール市庁舎《しちょうしゃ》
エステルゴム
大聖堂《だいせいどう》
ビシェグラード城《じょう》
ジェール
ドナウ川
ゲッレールト山
国会議事堂《こっかいぎじどう》
ベネディクト派修道院《はしゅうどういん》
パンノンハルマの街《まち》にある
タタバーニャ
王宮《おうきゅう》
ブダペスト
王宮内《おうきゅうない》に国立図書館《こくりつとしょかん》がある
聖《せい》アンナ
礼拝堂《れいはいどう》
エールド
セーケシュフェヘールバール
ベレンシェ湖《こ》
ラーバ川
ハイキングツアー
ヘレンド社《しゃ》の磁器《じき》
ベネディクト派《は》
修道院《しゅうどういん》
カイトサーフィン
ベスプレーム
バラトンフュレド
ビーチ
ティハニ
バラトン湖《こ》
シオーフォク
セーチェーニ
くさり橋《ばし》
トランスダヌビア
カロチャ地方《ちほう》の
民族衣装《みんぞくいしょう》
ドナウ川
ブドウの栽培《さいばい》
⑤
カロチャ
キシュクンハラシュは
レースあみが有名《ゆうめい》
ザラエゲルセグ
ザラ川
スイレン
ヘービーズ
②
パイクパーチ
「鉄《てつ》の男の家《いえ》」
バロック様式《ようしき》の館《やかた》。
かつての金物商《かなものしょう》の家《いえ》
ナジカニジャ
小《こ》バラトン湖《こ》
水牛《すいぎゅう》
カポシュバール
市庁舎《しちょうしゃ》
カポシュバール
ヘービーズ湖《こ》は
ヨーロッパ最大《さいだい》の
温泉湖《おんせんこ》
②
ヘービーズ湖《こ》の温泉施設《おんせんしせつ》
アナウサギ
トウモロコシ
初期《しょき》キリスト教《きょう》の
墓地《ぼち》あと ネクロポリス
古代《こだい》ローマ時代《じだい》の
都市《とし》ソピアネの遺跡《いせき》
ガーズィ・カーシム・
パシャ・モスク
イスラム教《きょう》の礼拝堂《れいはいどう》
聖《せい》ペテロ聖《せい》パウロ
大聖堂《だいせいどう》
ペーチュ
シオー川
ゲメンツの森
ドナウ＝ドラーバ
国立公園内《こくりつこうえんない》にある
モハーチュ
アカシカ
ドラーバ川
レチョー
生《なま》のパプリカ、トマト、
タマネギの煮《に》こみ
グヤーシュ
牛肉《ぎゅうにく》、タマネギ、パプリカの
スープ
ハラースレー
魚《さかな》のスープ
パプリカパウダー
ハンガリー料理《りょうり》に
欠《か》かせないスパイス
トウガラシ
クリの実《み》
鶏肉《とりにく》の
パプリカ煮《に》こみ
ノケドリ
(パスタの一種《いっしゅ》)をそえる
トマト
ドボシュトルタ
チョコレートクリームを
はさみ、キャラメルを
かけたケーキ
クリスマスツリーに
つるすチョコ
サロンツコル
サワーチェリーの
冷《つめ》たいスープ
伝統的《でんとうてき》な
黒《くろ》い陶器《とうき》
ブショー
ヤーラーシュ
冬《ふゆ》を追《お》いはらう祭《まつ》り。
お面《めん》をかぶり
ヒツジの皮《かわ》を着《き》た男
「ブショー」が街《まち》をねり歩《ある》く
イノシシ

キタリス
アグテレク国立《こくりつこうえん》公園の洞窟群《どうくつぐん》
ツローケー村
古《ふる》い家《いえ》がならぶ
モスクの尖塔《せんとう》
北《きた》
ハ
ン
ガ
リ
ー
中《ちゅう》
央《おう》
山《さん》
脈《みゃく》
ディオーシュジュール城《じょう》
シャイヨー川
ミシュコルツ
洞窟温泉《どうくつおんせん》
ワイン
ファイアサラマンダー
ブナの木
ブナの実《み》と葉《は》
⑥
マチョー地方《ちほう》の伝統的《でんとうてき》な刺繍《ししゅう》
タカやワシを使《つか》った狩《か》り
タカ狩《が》り
テンチ
ティサ川
ショーシュトー民俗博物館《みんぞくはくぶつかん》
ニーレジュハーザ
エゲル
エゲル城《じょう》
ケーケシュ山
ハンガリーでいちばん高《たか》い山（1,014 m）
⑥
つり
マンガリッツァ
毛《け》がカールしたブタ
ツル
テンサイ
ノーニウス
プスタ産《さん》の馬《うま》
④
改革派大教会《かいかくはだいきょうかい》
大《だい》
平《へい》
原《げん》
フンガロリング
F1レースのサーキット
マジャルスルケ
肉牛《にくぎゅう》
ティサ湖
温泉施設《おんせんしせつ》
デブレツェン
④
馬術《ばじゅつ》ショー
ザジュバ川
ホルトバージュ国立公園《こくりつこうえん》
プスタ
木のつるべ井戸《いど》がある ④
温泉《おんせん》の街《まち》
ハイドゥーソボスロー
チコーシュ
プスタ（大平原《だいへいげん》）の馬使《うまつか》い
④
ラッカヒツジ
射手《しゃしゅ》の帽子《ぼうし》
装飾宮殿《そうしょくきゅうでん》
ウィーン分離派様式《ぶんりはようしき》の建物《たてもの》
ティサ川
大平原《だいへいげん》
ハ
ン
ガ
リ
ー
ジャガイモ
大麦《おおむぎ》
小麦《こむぎ》
ケレシュ川
チャバイコルバース
チャバ地方《ちほう》の燻製《くんせい》ソーセージ
ポルガール・ユディト
チェスプレーヤー
伝統的《でんとうてき》な騎射《きしゃ》
ハンガリー弓《ゆみ》
チュケメート
ープスタセル
国立遺跡公園《りついせきこうえん》
パプリカの栽培《さいばい》
ベーケーシュチャバ
誓約教会《せいやくきょうかい》
聖デメテルの塔《とう》
ケレシュ＝マロシュ国立公園《こくりつこうえん》
ビーロー・ラースロー
ボールペンを発明《はつめい》
ルービック・エルネー
ルービック・キューブを発明《はつめい》
セント＝ジェルジ・アルベルト
生化学者《せいかがくしゃ》
パプリカからビタミンCを、レモンからビタミンPを発見《はっけん》
ティサ川
サラミソーセージ
コガモ
初代王《しょだいおう》
イシュトバーン1世《せい》
の王冠《おうかん》
セゲド
タマネギ
マコーの街《まち》の名産《めいさん》
ハンガリーでは、「姓《せい》・名《めい》」の順《じゅん》で氏名《しめい》をあらわす
マロシュ川
0 25 50 km
0 25 マイル
ハンガリー語《ご》で書《か》いた国名《こくめい》
Magyarország《マジャロルサーグ》
トゥルル
伝説《でんせつ》の鳥《とり》。ハンガリーのシンボル
ノガン
⑤
リスト・フェレンツ（フランツ・リスト）
ピアニスト、作曲家《さっきょくか》
バルトーク・ベーラ
イヌサフラン
コミミズク
ハンガリー
ハンガリー
首都《しゅと》：ブダペスト
言語《げんご》：ハンガリー語《ご》
人口：約《やく》970万人《まんにん》
面積《めんせき》：93,028km²
ベンツェ
ボグラールカ
水球《すいきゅう》
ハンガリーは水球《すいきゅう》が強《つよ》い
カロチャ刺繍《ししゅう》

ウクライナ

首都《しゅと》：キーウ（キエフ）

言語《げんご》：ウクライナ語《ご》
ロシア語《ご》、クリミア・タタール語《ご》

人口《じんこう》：約《やく》4,440万人《まんにん》

面積《めんせき》：603,550km²

カワラバト
アオガラ
デスナー川
ー川
セーイム川
ピロヒー
水ぎょうざ。きざんだベーコンをまぶす
ハルシュキー
ジャガイモのだんご
サーロ
ブタのあぶら身《み》の塩漬《しおづ》け。
前菜《ぜんさい》
シダレヤナギ
養蜂《ようほう》
ボルシチ
ビーツのスープ。パンをそえる
チーズ細工《ざいく》の馬《うま》
ひまわりの種《たね》入りのハルバー菓子《かし》
ダマジカ
ハヤブサ
ヤブノウサギ
ハイイロオオカミ
コフキコガネ
牛《うし》の飼育《しいく》
ホシハタリス
ソローチンツィ村の市《いち》
民芸品《みんげいひん》などを売《う》る
スラー川
スーミ
デールジュプローム
ボールスクラ川
大麦《おおむぎ》
1928年にできた
高層《こうそう》ビル
ハールキウ
プセール川
ポルターワ
キャノーラ
ナタネの一種《いっしゅ》
ニシイワツバメ
ヒマワリ
バーバ
遊牧民《ゆうぼくみん》が墓《はか》に立てた古代《こだい》の石像《せきぞう》
チェルカースイ
ギベリオブナ
マクスィーム・
ニャークの
オーク
年以上《いじょう》
宇宙船《うちゅうせん》の製造《せいぞう》
チェルノーゼム
肥沃《ひよく》な黒土地帯《こくどちたい》
北《きた》ドネーツィ川
ルハーンシク
サマーラ川
ドニプロー川
ザポリッジャ
炭鉱労働者《たんこうろうどうしゃ》
鉄鋼業《てっこうぎょう》
ロピウニーツィキー
カームヤンシケ
黒炭《こくたん》
ドネーツィク
カジミール・マレービチ
画家《がか》
ステップ
草原地帯《そうげんちたい》
クリビー・リーフ
ホールティツァ島《とう》
ドニプロー川でいちばん大きな中州《なかす》
ザポロージエ
ドニプロー川
水力発電所《すいりょくはつでんしょ》
フリホーリー・スコボロダー
詩人《しじん》、哲学者《てつがくしゃ》、作曲家《さっきょくか》
インフレーツィ川
インフール川
小麦《こむぎ》
アスカーニア・ノーヴァ
自然公園《しぜんこうえん》
世界《せかい》のさまざまな動物《どうぶつ》や植物《しょくぶつ》を収集《しゅうしゅう》
マリウーポリ
ドニプロー川
造船所《ぞうせんじょ》
ミコラーイウ
リンゴ
ヘルソーン ①
テマリカンボク
スイカ
アゾフ海《かい》
クリミア半島《はんとう》は2014年からロシアの占領下《せんりょうか》にある
チュベテーイカ
クリミア・タタール人の伝統的《でんとうてき》な帽子《ぼうし》
イルカ
クリーム（クリミア）
世界最長《せかいさいちょう》のトロリーバス路線《ろせん》
サクランボ
タラス・シェフチェンコ
国民的詩人《こくみんてきしじん》、画家《がか》
海水浴場《かいすいよくじょう》
③ ゲヌエージカの要塞《ようさい》
ハンの宮殿《きゅうでん》
シンフェローポリ
クリミア山脈《さんみゃく》
③
カラダーフ自然保護区《しぜんほごく》
アンズ
ソネース遺跡《いせき》
代ギリシャの都市《とし》のあと
バフチサラーイ
セバストーポリ ②
ヤールタ
スダーク
ツバメの巣《す》城《じょう》
黒海《こっかい》
② ウスペンシキー洞窟修道院《どうくつしゅうどういん》
崖《がけ》をけずって作《つく》られた

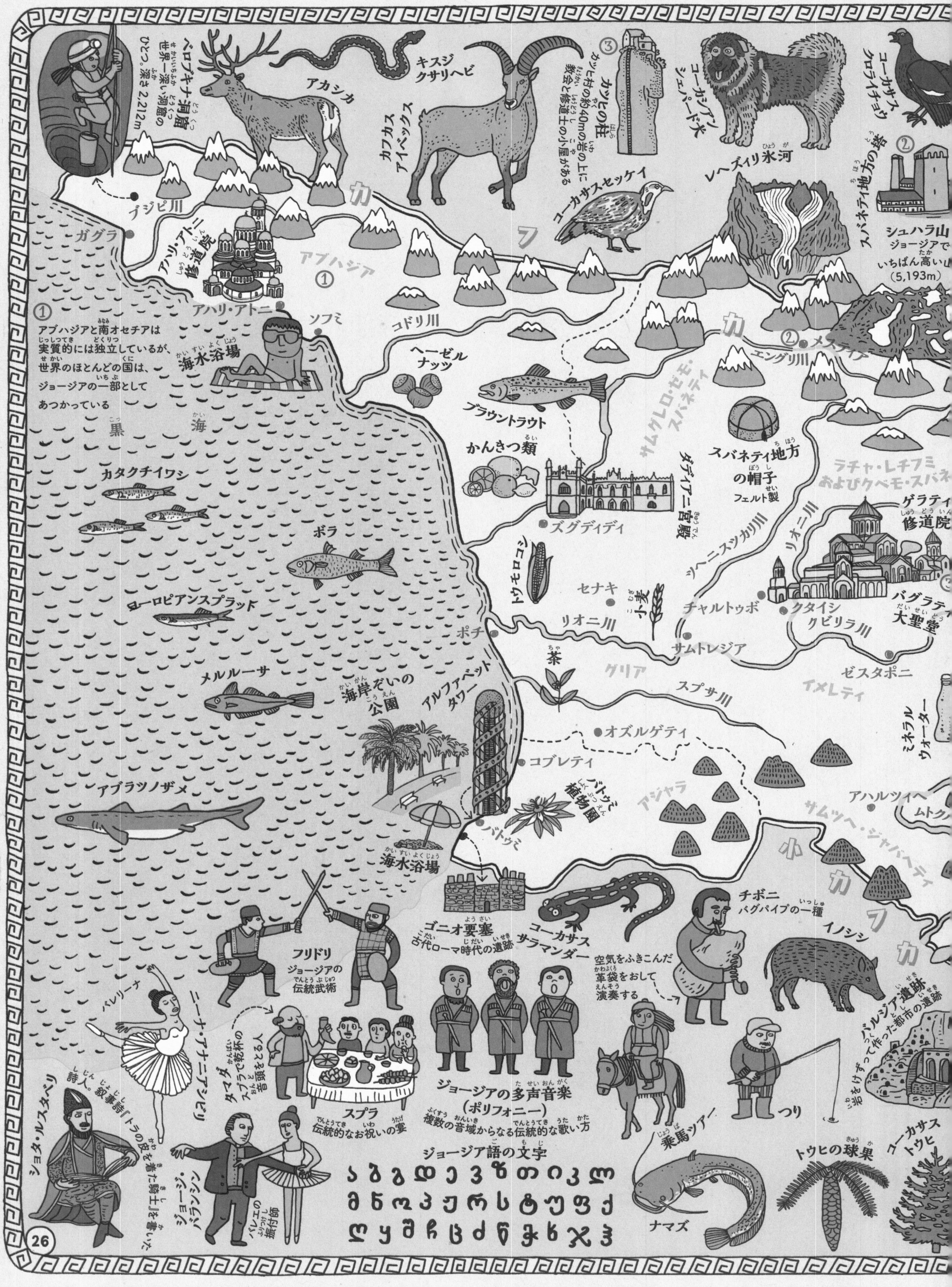
ベロブキナ洞窟《どうくつ》
世界一深《せかいいちふか》い洞窟《どうくつ》の
ひとつ。深《ふか》さ2,212m
アカシカ
キスジ
クサリヘビ
カフカス
アイベックス
③
カツヒの柱《はしら》
カツヒ村の約《やく》40mの岩《いわ》の上に
教会《きょうかい》と修道士《しゅうどうし》の小屋《こや》がある
コーカシアン・
シェパード犬
コーカサス
クロライチョウ
②
スバネティ地方《ちほう》の塔《とう》
レヘズィリ氷河《ひょうが》
コーカサスセッケイ
シュハラ山
ジョージアで
いちばん高《たか》い山
(5,193m)
ブジピ川
ガグラ
カ
フ
カ
アノン・アトニ修道院《しゅうどういん》
アブハジア
①
アハリ・アトニ
ソフミ
コドリ川
①
アブハジアと南《みなみ》オセチアは
実質的《じっしつてき》には独立《どくりつ》しているが、
世界《せかい》のほとんどの国《くに》は、
ジョージアの一部《いちぶ》として
あつかっている
海水浴場《かいすいよくじょう》
ヘーゼル
ナッツ
②
メスティア
エングリ川
サムグレロ・ゼモ・スバネティ
ブラウントラウト
かんきつ類《るい》
スバネティ地方《ちほう》
の帽子《ぼうし》
フェルト製《せい》
ラチャ・レチフミ
およびクベモ・スバネ
黒《こっ》
海《かい》
カタクチイワシ
ダディアニ宮殿《きゅうでん》
ズグディディ
ゲラティ
修道院《しゅうどういん》
ツヘニスツカリ川
リオニ川
ボラ
トウモロコシ
セナキ
小麦《こむぎ》
チャルトゥボ
クタイシ
クビリラ川
バグラティ
大聖堂《だいせいどう》
ヨーロピアンスプラット
ポチ
リオニ川
サムトレジア
茶《ちゃ》
グリア
ゼスタポニ
イメレティ
スプサ川
ミネラル
ウォーター
メルルーサ
海岸《かいがん》ぞいの
公園《こうえん》
アルファベット
タワー
オズルゲティ
コブレティ
バトゥミ
植物園《しょくぶつえん》
アジャラ
アハルツィヘ
ムトクバ
アブラツノザメ
サムツヘ・ジャバヘティ
バトゥミ
海水浴場《かいすいよくじょう》
小
カ
フ
カ
ゴニオ要塞《ようさい》
古代《こだい》ローマ時代《じだい》の遺跡《いせき》
コーカサス
サラマンダー
チボニ
バグパイプの一種《いっしゅ》
イノシシ
フリドリ
ジョージアの
伝統武術《でんとうぶじゅつ》
空気をふきこんだ
革袋《かわぶくろ》をおして
演奏《えんそう》する
バレリーナ
ニーナ・アナニアシビリ
タマダ
スプラで乾杯《かんぱい》の
音頭《おんど》をとる人
ウプリスツィヘ遺跡《いせき》
岩《いわ》をけずって作《つく》った都市《とし》の遺跡《いせき》
詩人《しじん》。叙事詩《じょじし》『トラの皮《かわ》を着《き》た騎士《きし》』を書《か》いた
ショタ・ルスタベリ
ジョージアの多声音楽《たせいおんがく》
(ポリフォニー)
複数《ふくすう》の音域《おんいき》からなる伝統的《でんとうてき》な歌《うた》い方《かた》
スプラ
伝統的《でんとうてき》なお祝《いわ》いの宴《うたげ》
つり
乗馬《じょうば》ツアー
ジョージア語《ご》の文字《もじ》
ა ბ გ დ ე ვ ზ თ ი კ ლ
მ ნ ო პ ჟ რ ს ტ უ ფ ქ
ღ ყ შ ჩ ც ძ წ ჭ ხ ჯ ჰ
トウヒの球果《きゅうか》
コーカサス
トウヒ
ジョージ・バランシン
バレエの
振付師《ふりつけし》
ナマズ

ジョージア

コーカサスツツジ
ヒンカリ
肉汁《にくじゅう》入りの水ぎょうざ
ハチャプリ
チーズ入りのパン
マツォーニ
ヨーグルト
ジョージア
საქართველო
サカルトベロ
ジョージア語《ご》で書《か》いた国名《こくめい》
首都《しゅと》：トビリシ
言語《げんご》：ジョージア語《ご》
アルメニア語《ご》、アゼルバイジャン語《ご》、ロシア語《ご》、メグレル語《ご》、アブハジア語《ご》、オセット語など
面積《めんせき》：69,700km²
人口：約《やく》370万人《まんにん》
0 25 50 km
0 25 マイル
ヒグマ
チュルチヘラ
煮《に》つめたブドウの汁《しる》に、糸でつないだクルミをひたして乾燥《かんそう》させた菓子《かし》
ムツバディ
肉《にく》の串焼《くしや》き
ロビアニ
豆《まめ》のペースト入りのパン
スルグニチーズ
ゴミ
トウモロコシの粉《こな》のおかゆ
フメリスネリ
いろいろなスパイスをまぜたもの
ボルジガリ
「生命《せいめい》の樹《き》」の上に太陽《たいよう》を配置《はいち》した、永遠《えいえん》をあらわすシンボル
ニア
サバ
クロハゲワシ
オオカミ
カズベク山
(5,047m)
ツミンダサメバ修道院《しゅうどういん》
ス
山《さん》
脈《みゃく》
シャティリ村
ケセロ要塞《ようさい》
トゥシェティ国立公園《こくりつこうえん》でハイキング
登山《とざん》
④ クサニ要塞《ようさい》
グダウリ
① 南《みなみ》オセチア
ムツヘタ・ムティアネティ
アラグビ川
ツヒンバリ
ウプリスツィヘ
岩《いわ》をけずって作《つく》った都市《とし》の遺跡《いせき》
スベティツホベリ大聖堂《だいせいどう》
アラベルディ修道院《しゅうどういん》
シマハイエナ
⑥
ハシュリ
ゴリ
カスピ
テラビ
硫黄泉《おうせん》の温泉《おんせん》
ムトクバリ川
④
⑤
ムツヘタ
シダ・カルトリ
スノーボード
シオニ大聖堂《だいせいどう》
ワイン
カヘティ
ブドウの栽培《さいばい》
ヒョウ
このあたりにわずかに生息《せいそく》
カオジロオタテガモ
トビリシ
トビリシ
イオリ川
ルスタビ
フラミ川
ムトクバリ川
ドマニシ原人《げんじん》の発掘場所《はっくつばしょ》
マルネウリ
ガルダバニ
パラバニ湖《こ》
ジョージア最大《さいだい》の湖《みずうみ》
クベモ・カルトリ
バシロバニ国立公園《こくりつこうえん》
岩《いわ》や砂漠《さばく》の景観《けいかん》が有名《ゆうめい》
⑥
アラザニ川
レロ・ブルティ
ラグビーににた伝統的《でんとうてき》なスポーツ。近隣《きんりん》の村の男性《だんせい》が集《あつ》まって競技《きょうぎ》をおこなう
ダビド・ガレジ
100近《ちか》くの修道院群《しゅうどういんぐん》。岩《いわ》をけずって作《つく》ったものもある
オルシモ
ワインをくみだす道具《どうぐ》
チョハ
男性《だんせい》の民族衣装《みんぞくいしょう》。毛織《けおり》の丈《たけ》の長《なが》いコート
⑤ シュフリ修道院《しゅうどういん》
ス
山《さん》
脈《みゃく》
180万年前《まんねんまえ》の頭蓋骨《ずがいこつ》が発掘《はっくつ》された。アフリカ以外《いがい》で発見《はっけん》された人骨《じんこつ》では最古《さいこ》のもの
コーカサスモミ
剣舞《けんぶ》
チョングリ
弦楽器《げんがっき》
ハンジャリ
伝統的《でんとうてき》な短剣《たんけん》
オダ
伝統的《でんとうてき》な木の小屋《こや》
ゼズバとムズイア
ドマニシで発掘《はっくつ》された頭蓋骨《ずがいこつ》をもとに顔《かお》を復元《ふくげん》した、初期《しょき》のヨーロッパ人男女の愛称《あいしょう》
モミの球果《きゅうか》
サツナヘリ
ワイン作《づく》りに使《つか》う伝統的《でんとうてき》なおけ。この中でブドウをふみつぶす
クベブリ
ワイン作《づく》りに使《つか》う伝統的《でんとうてき》な素焼《すや》きのかめ

トプカプ宮殿《きゅうでん》
①
モザイク博物館《はくぶつかん》
①
「地下宮殿《ちかきゅうでん》」
イスタンブール最大《さいだい》の、
古代《こだい》ローマ時代《じだい》の地下貯水槽《ちかちょすいそう》
①
カパル・チャルシュ
イスタンブールにある
屋根《やね》つきの大きな市場《いちば》
伝統的《でんとうてき》なトルコ弓術《きゅうじゅつ》
ハマム
トルコ式《しき》の公衆浴場《こうしゅうよくじょう》
セリミエモスク
建築家《けんちくか》シナンの
設計《せっけい》
①
ボスポラス橋《ばし》
ボスポラス海峡《かいきょう》にかかる橋《はし》。
トルコのヨーロッパ側《がわ》と
アジア側《がわ》とをつなぐ
ヒマワリ
アヤ・ソフィア
イスラム教《きょう》の寺院《じいん》。もとは
キリスト教《きょう》の聖堂《せいどう》として建《た》てられた
黒海《こっかい》
オキスズキ
ポ
マルマラ島《とう》
マルマラ海《かい》
イスタンブール ①
ギョクチェ島《とう》
トロイ遺跡《いせき》
④
古代都市《こだいとし》のあと
ブルサ
ウル・ジャーミイ
イスラム教《きょう》のモスク
（礼拝堂《れいはいどう》）
スキー
アダパザル
サカリヤ川
オドゥンパザル地区《ちく》の
19世紀《せいき》に
建《た》てられた家々《いえいえ》
エスキシェヒル
アヌトゥカビル
初代大統領《しょだいだいとうりょう》
ケマル・アタテュルクを
まつった霊廟《れいびょう》
デブレズ川
アンカラ
クズル・ウルマク川
ハットゥシャ遺跡《いせき》
古代《こだい》ヒッタイト帝国《ていこく》の
都市《とし》のあと
ルーミー
詩人《しじん》、神学者《しんがくしゃ》
セマー
メブレビー教団《きょうだん》がおこなう、
回転《かいてん》しながら
おどりつづける儀式《ぎしき》
岩《いわ》をけずって
作《つく》った住居《じゅうきょ》
カッパドキア
②
ギョレメ
③
⑤
熱気球《ねつききゅう》ツアー
コナック広場《ひろば》の時計塔《とけいとう》
イズミル
イチジク
ザクロ
パムッカレの
温泉《おんせん》
石灰岩《せっかいがん》が
段々《だんだん》になっている
ビュユク・メンデレス川
デニズリ
オリーブオイル
エフェソス遺跡《いせき》
古代都市《こだいとし》のあと
オリーブ
ベイシェヒル湖《こ》
トルコ最大《さいだい》の淡水湖《たんすいこ》
トゥズ湖《こ》
塩水湖《えんすいこ》
コンヤ
インジェ・ミナーレ
神学校《しんがっこう》
イスラム教《きょう》の神学校《しんがっこう》。
現在《げんざい》は彫刻博物館《ちょうこくはくぶつかん》
西《にし》トロス山脈《さんみゃく》
中央《ちゅうおう》トロス山
アスペンドス遺跡《いせき》の
円形劇場《えんけいげきじょう》
アンタルヤ ⑥
マツユキソウ
アダナ
メルシン
オルデニズ
古代《こだい》の
アミンタス王の墓《はか》
海水浴場《かいすいよくじょう》
アンタルヤの
旧市街《きゅうしがい》
海水浴場《かいすいよくじょう》
ヤナルタシュ
岩《いわ》のすきまから
天然《てんねん》のガスが出て、
大昔《おおむかし》から小さな火が
燃《も》えている場所《ばしょ》
イボガンギエイ
地中海《ちちゅうかい》
トロイの木馬《もくば》
ギリシャ神話《しんわ》に登場《とうじょう》する巨大《きょだい》な木馬《もくば》。
トロイ遺跡《いせき》に復元《ふくげん》されている
④
ユスフ
エリフ
アンタルヤの
砂《すな》の彫刻祭《ちょうこくまつ》り
⑥
カラギョズとハジワット
伝統的《でんとうてき》な影絵劇《かげえげき》の登場人物《とうじょうじんぶつ》
ヤールギュレシ
トルコずもう。
全身《ぜんしん》に油《あぶら》をぬって戦《たたか》う
ヤセミン・ダルクルチュ
フリーダイビングで世界記録《せかいきろく》を
出した

ムスタファ・ケマル・アタテュルク
トルコ共和国《きょうわこく》を建国《けんこく》したひとり
ハリデ・エディプ・アドゥバル
作家《さっか》、政治活動家《せいじかつどうか》
オルハン・パムク
作家《さっか》
ピリ・レイス
16世紀《せいき》の軍人《ぐんじん》。当時《とうじ》としては正確《せいかく》な世界地図《せかいちず》を作《つく》った
シミット
リング型《がた》のゴマつきパン
紅茶《こうちゃ》
バクラバ
生地《きじ》とナッツを
かさねたパイ。
シロップをかける
ジェズベ
コーヒー用《よう》のなべ
トルココーヒー
コーヒーの粉《こな》と
砂糖《さとう》入り
スイカ
ナス
マントゥ
トルコ風《ふう》水ぎょうざ。
ヨーグルトや
ニンニクのソースをかける
ターキッシュディライト
（ロクム）
ナッツ入りの甘《あま》い
ゼリー状《じょう》の菓子《かし》
ドネルケバブ
まわしながらあぶった肉《にく》を
そぎ切《き》りにして食《た》べる
イスケンデル・ケバブ
ドネルケバブにヨーグルトと
トマトソースをかけ、
ピタパンをそえる
ドルマ、サルマ
ひき肉《にく》などの
つめもの料理《りょうり》。
ブドウの葉《は》などで
つつむこともある
リンゴ
ヨーロッパ
カタクチイワシ
ロングスナウト
シーホース
タツノオトシゴの一種《いっしゅ》
スメラ修道院《しゅうどういん》
サムスン
ヘーゼルナッツ
茶《ちゃ》
トス山《さん》脈《みゃく》
アニ遺跡《いせき》
中世《ちゅうせい》アルメニアの
都市《とし》のあと
チフテ・ミナーレ
神学校《しんがっこう》
イスラム教《きょう》の
かつての神学校《しんがっこう》
具《ぐ》をはさんだうすい生地《きじ》を
焼《や》いた軽食《けいしょく》
ギョズレメ
スマン帝国《ていこく》時代《じだい》の
古《ふる》い家々《いえいえ》と
代《だい》ポントス王国《おうこく》の
王《おう》の岩窟墓群《がんくつぼぐん》
アマスヤの街《まち》にある
イェシル川
小麦《こむぎ》
ディブリーイの街《まち》の
大モスクとかつての病院《びょういん》
13世紀《せいき》に建《た》てられた
エルズルム
ユーフラテス川
アララト山
トルコでいちばん
高《たか》い山（5,137m）
アイラン
ヨーグルトに
冷《つめ》たい水と塩《しお》を
まぜた飲みもの
東南《とうなん》トロス山《さん》脈《みゃく》
ムラト川
トルコじゅうたん
ワン湖《こ》
塩水湖《えんすいこ》
オトル
ハーブ入りチーズ
トルコでいちばん大きく、
いちばん深《ふか》い湖《みずうみ》
ワン
エラズー
アンズ
マラトヤ
ネムルト山の巨大神像《きょだいしんぞう》
ハサンケイフの
城塞《じょうさい》の遺跡《いせき》
バトマン
ディヤルバクル
ティグリス川
オオミミハリネズミ
カフラマンマラシュ
ピスタチオ
綿花《めんか》
ユーフラテス川
ハラン村の伝統的《でんとうてき》な
ドーム型《がた》の家々《いえいえ》
シャンル・
ウルファ
日干《ひぼ》しレンガでできている
レンズ豆《まめ》
ガジアンテップ
ハイイロオオカミ
キンイロジャッカル
インドタテガミ
ヤマアラシ
ドウの栽培《さいばい》
② ウチヒサール
かつての要塞《ようさい》
バザール
市場《いちば》
地下都市《ちかとし》デリンクユ
カッパドキア地方《ちほう》の遺跡《いせき》。トルコで
発見《はっけん》された、もっとも地下深《ちかふか》い都市《とし》 ⑤
ョレメ国立公園《こくりつこうえん》
③
奇岩群《きがんぐん》
岩《いわ》をけずって作《つく》った
キリスト教《きょう》の教会群《きょうかいぐん》
トルコ
トルコ共和国《きょうわこく》
首都《しゅと》：アンカラ
言語《げんご》：トルコ語《ご》
人口《じんこう》：約《やく》8,500万人《まんにん》
面積《めんせき》：783,562km²
Türkiye《テュルキエ》
トルコ語《ご》で
書《か》いた国名《こくめい》
0 50 100
km
0 25 50
マイル

聖《せい》タデウス修道院《しゅうどういん》
アルメニア正教《せいきょう》の修道院《しゅうどういん》
屋根《やね》つきの市場《いちば》
バザール
アラス川
シャイフ・サフィ・アッディーン廟《びょう》
カスピカイアザラシ
ゴレスタン
国立公園《こくりつこうえん》
セ・ゴンバド
墓塔《ぼとう》
ウルミエ湖《こ》
イラン最大《さいだい》の湖《みずうみ》
タブリーズ
ロシアチョウザメ
キアシセグロカモメ
カーレド・ナビ墓地《ぼち》
ソルタニーエ遺跡《いせき》
①
オルジェイトゥ廟《びょう》で知《し》られる
ウルミエ
カスピ海《かい》
キャビア
ゴンバデ・カーブース墓塔《ぼとう》
ケゼル・オーザン川
ラシュト
セフィード・ルード川
小麦《こむぎ》
茶《ちゃ》
アリサドル洞窟《どうくつ》
① イブン・シーナー廟《びょう》
ダマーバンド山
イランでいちばん高《たか》い山
（5,610m）
スキー
アルボルズ山《さん》脈《みゃく》
シャー川
カラジュ
② テヘラン
アザディタワー
オナガー
野生《やせい》のロバ
古代《こだい》遺跡《いせき》
ターゲ・ボスターンの
巨大《きょだい》レリーフ
ディヤーラ川
ハマダーン
ファティマ・マスメフ廟《びょう》
ケルマーンシャー
ギーベ
綿《わた》や羊毛《ようもう》をあんで底《そこ》に
ぬいつけた靴《くつ》
大麦《おおむぎ》
コム
ナマク湖《こ》
塩水湖《えんすいこ》
アジアチーター
カビール砂漠《さばく》
塩《しお》の砂漠《さばく》
ザグロス山《さん》脈《みゃく》
アビヤーネ村
赤土の家《いえ》がならぶ
イマーム広場《ひろば》
世界《せかい》でもっとも広《ひろ》い
広場《ひろば》のひとつ
バードギール
涼《すず》しい風《かぜ》を
家《いえ》の中に
とりこむ塔《とう》
スナネコ
カルヘ川
デズ川
壁画《へきが》
ペルシャ王ダレイオス1世《せい》の
宮殿《きゅうでん》から出土
スーサ遺跡《いせき》
古代都市《こだいとし》の
あと
「カエサルのダム」
古代《こだい》ローマ時代《じだい》の遺跡《いせき》
③ イスファハーン
イランイツユビトビネズミ
ヤフチャール
古代《こだい》の氷《こおり》の貯蔵庫《ちょぞうこ》
④
ヤズド
地球上《ちきゅうじょう》で
もっとも暑《あつ》い場所《ばしょ》
70.7℃が観測《かんそく》され
油田《ゆでん》
アフワーズ
イランダマジカ
エラム庭園《ていえん》
ペルシャ式庭園《しきていえん》
カールーン川
アルバンド川
アバルクーの
街《まち》のイトスギ
樹齢《じゅれい》4,000年の
イラン最古《さいこ》の木
④
⑤ ナグシェ・ロスタム
⑥ 古代《こだい》の王の墓《はか》がならぶ
ルート
砂漠《さばく》
シーラーズ
メイマンド村
岩山《いわやま》にほった穴《あな》に
冬《ふゆ》のあいだ遊牧民《ゆうぼくみん》がくらす
シャーザーデ
庭園《ていえん》
ペルシャ
細密画《さいみつが》
ヒグマ
キュロス2世《せい》の墓《はか》
⑤
ペルシャ湾《わん》
ペルシャじゅうたん
ナマクダン洞窟《どうくつ》
世界最長《せかいさいちょう》の塩《しお》の洞窟《どうくつ》
ホマー
一生地上《いっしょうちじょう》におりない
とされる伝説《でんせつ》の鳥《とり》
ポロ
天然《てんねん》ガス採掘場《さいくつじょう》
バンダレ・
アッバース
じゅうたん職人《しょくにん》
ラバン島《とう》
キーシュ島《とう》
ケシュム島《とう》
ズールハーネ
重《おも》いこん棒《ぼう》などで体《からだ》をきたえる
伝統的《でんとうてき》な肉体鍛錬法《にくたいたんれんほう》
アッバス・キアロスタミ
映画監督《えいがかんとく》
ペルセポリス
古代都市《こだいとし》の遺跡《いせき》
⑥
ダイビング
オマーン

イラン
ایران
イーラーン
ペルシャ語《ご》で書《か》いた国名《こくめい》
イラン・イスラム共和国《きょうわこく》
首都《しゅと》：テヘラン
言語《げんご》：ペルシャ語《ご》（ファルシ語《ご》）
クルド語《ご》、アゼルバイジャン語《ご》、アラビア語《ご》など
人口：約《やく》8,900万人《まんにん》
面積《めんせき》：1,648,195km²
0 100 200 km
0 100 マイル
花の栽培《さいばい》
イランサバクガラス
イランにのみ生息《せいそく》
ナイチンゲール
コウジョウセンガゼル
ラティフィクサリヘビ
カスピコブラ
アリー
ザフラー
コペットダグ山脈《さんみゃく》
アトラク川
イマーム・レザー廟《びょう》
ペルシャヒョウ
マシュハド
トルコ石
②
ゴレスタン宮殿《きゅうでん》
ニシオオノスリ
トンバク
伝統的《でんとうてき》なたいこ
タール
ネックの長《なが》い弦楽器《げんがっき》
ペルシャネコ
チェロケバブ
ヒツジのひき肉《にく》を焼《や》いてごはんをそえた料理《りょうり》
バスタニソンナティ
サフラン、ピスタチオ、バラ水入りの伝統的《でんとうてき》なアイスクリーム
チャイ
ペルシャテツボクの葉《は》
ペルシャテツボク
オオクチガマトカゲ
「金曜《きんよう》モスク」
③
ハルバ
小麦粉《こむぎこ》、ハチミツ、砂糖《さとう》、油《あぶら》などをねってかためた菓子《かし》
ドゥーグ
ヨーグルトをうすめて塩味《しおあじ》をつけた飲《の》みもの
ファールーデ
ゆでためんにシャーベット状《じょう》のバラのシロップをかけたデザート
フールグ城《じょう》
インドオオカミ
ヨウラクユリ
干《ほ》しブドウ
フェセンジャン
鶏肉《とりにく》をザクロとクルミのソースで煮《に》こんだ料理《りょうり》
ポロ
たきこみごはん
サンギャク
ひらたいパン
古代《こだい》のつぼ
シャフリ・ソフタ遺跡《いせき》から出土
ベゾアールヤギ
バラ水
サフラン
ザクロ
ダマスクローズ
バーベリー
ナツメヤシの実《み》
ピスタチオの実《み》
ザーヘダーン
シマハイエナ
イラン高《こう》原《げん》
アルゲ・バム要塞《ようさい》
インドガゼル
砂漠見物《さばくけんぶつ》
ハトの塔《とう》
かつて、ここでとれるフンを集《あつ》めて肥料《ひりょう》にしていた
ピスタチオの木
サバクオオトカゲ
泥火山《でいかざん》
然《ねん》ガスで泥《どろ》がふきだす
メリヒ山
「火星《かせい》の山」という意味《いみ》
ハマム
伝統的《でんとうてき》な公衆浴場《こうしゅうよくじょう》
シリン・エバディ
人権活動家《じんけんかつどうか》
マルジャン・サトラピ
漫画家《まんがか》、映画監督《えいがかんとく》
ハーフィズ
詩人《しじん》
ナシール・アッディーン・アットゥーシ
天文学者《てんもんがくしゃ》、数学者《すうがくしゃ》、哲学者《てつがくしゃ》

大《だい》韓《かん》民《みん》国《こく》

韓紙人形《ハンジにんぎょう》
稲作《いなさく》
海印寺《ヘインサ》
オンギ
陶器《とうき》のかめ
ウルサン
海水浴場《かいすいよくじょう》
通度寺《トンドサ》
梵魚寺《ボモサ》
ナクトン江《ガン》
韓国《かんこく》でもっとも長《なが》い川
海水浴場《かいすいよくじょう》
コウライ
ニンジン
ムドゥン山国立公園《こくりつこうえん》
クァンジュ
チャンウォン
プサン
ソムジン江《ガン》
パンチャン
ごはんといっしょに食《た》べる小皿料理《こざらりょうり》
ポジャンマチャ
屋台《やたい》
カッパウィ
笠《かさ》をかぶったような
2つの巨岩《きょがん》
ヨンサン江《ガン》
松広寺《ソングァンサ》
プサン港《こう》
韓国最大《かんこくさいだい》の港《みなと》
トック
餅《もち》、
餅菓子《もちがし》
モッポ
大規模《だいきぼ》な
茶《ちゃ》の農園《のうえん》
コジェ島《とう》
ナムヘ島《とう》
対《つ》馬《しま》海《かい》峡《きょう》
杖鼓《チャンゴ》
たいこ
テナガダコ
カラシラサギ
チン島《とう》
チンド犬
チン島原産《とうげんさん》の犬《いぬ》
スナメリ
韓屋《ハノク》
土、石、木、紙《かみ》などの
自然素材《しぜんそざい》で
作《つく》られた伝統的《でんとうてき》な家《いえ》
ホヤ
ナムジュン・
パイク
芸術家《げいじゅつか》。ビデオアートで
知《し》られる
クロタチモドキ
東《ひがし》シナ海《かい》
「思索《しさく》の庭園《ていえん》」
世界最大《せかいさいだい》の盆栽庭園《ぼんさいていえん》
トルハルバン
島《しま》に点在《てんざい》する石像《せきぞう》。
「石の老人《ろうじん》」という意味《いみ》
ハルラ山
国立公園《こくりつこうえん》で
ハイキング
テピョンム
王役《おうやく》または王妃役《おうひやく》の
おどり手による、
国《くに》の平和《へいわ》を願《ねが》う民族舞踊《みんぞくぶよう》
韓服《ハンボク》
韓国《かんこく》の民族衣装《みんぞくいしょう》
テコンドー
Kポップ《ケー》
韓国《かんこく》の
ポップミュージック
スミ・ジョー
ソプラノ歌手《かしゅ》
オンラインゲームの
トーナメント
チェジュ
ミカン
ハルラ山
韓国《かんこく》でいちばん
高《たか》い山（1,950m）
チェジュ島《とう》は
韓国《かんこく》でいちばん大《おお》きな島《しま》
野球《やきゅう》
サッカー

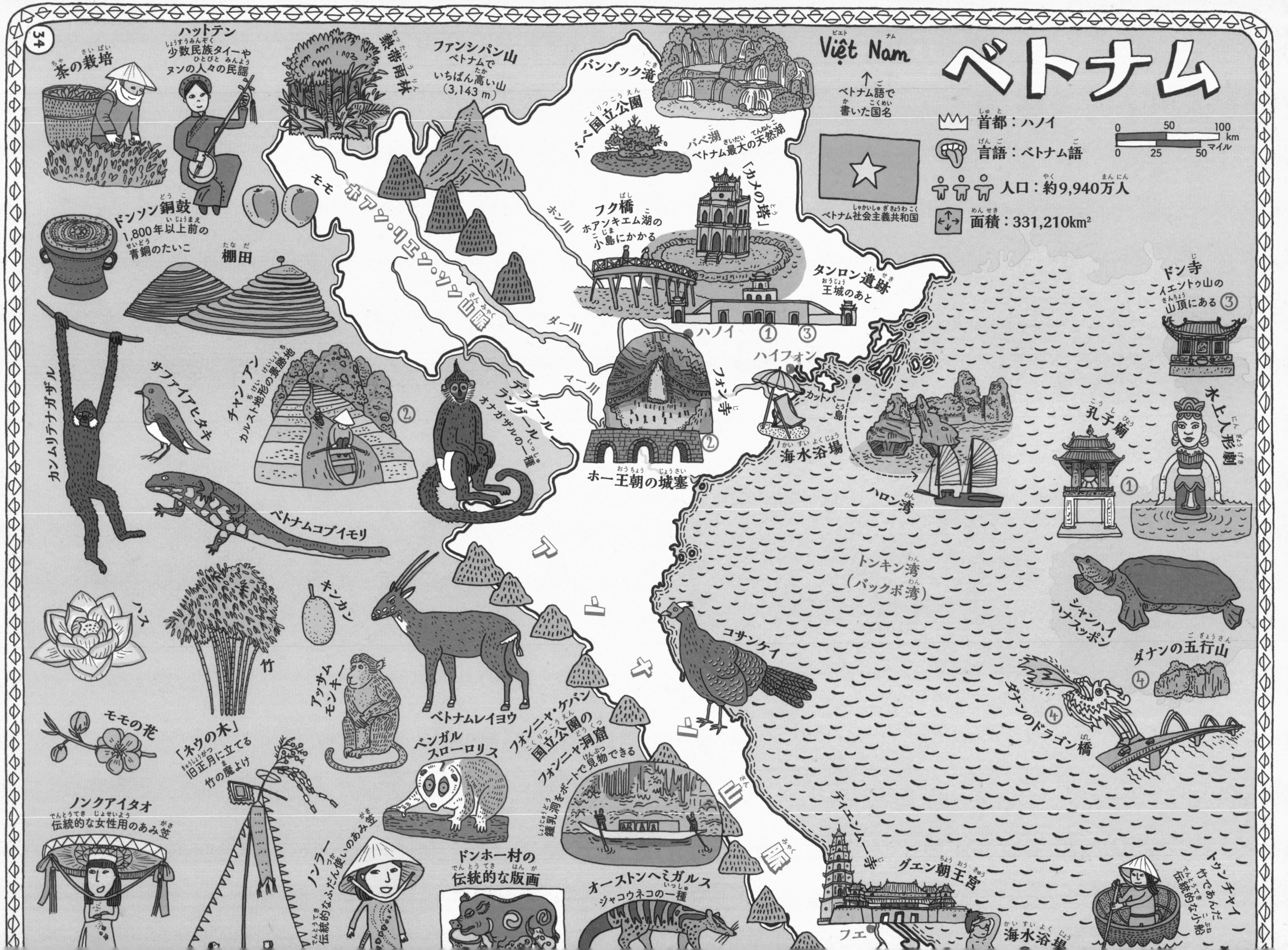
ベトナム
Việt《ビエト》 Nam《ナム》
↑
ベトナム語《ご》で
書《か》いた国名《こくめい》
首都《しゅと》：ハノイ
言語《げんご》：ベトナム語《ご》
人口：約《やく》9,940万人《まんにん》
面積《めんせき》：331,210km²
ベトナム社会主義共和国《しゃかいしゅぎきょうわこく》
0 50 100 km
0 25 50 マイル
バンゾック滝《たき》
バベ国立公園《こくりつこうえん》
バベ湖《こ》
ベトナム最大《さいだい》の天然湖《てんねんこ》
「カメの塔《とう》」
フク橋《ばし》
ホアンキエム湖《こ》の
小島《こじま》にかかる
タンロン遺跡《いせき》
王城《おうじょう》のあと
ドン寺《じ》
イエントゥ山の
山頂《さんちょう》にある ③
ハノイ ① ③
ハイフォン
カットバー島《とう》
海水浴場《かいすいよくじょう》
ハロン湾《わん》
孔子廟《こうしびょう》 ①
水上人形《にんぎょう》劇《げき》
トンキン湾《わん》
（バックボ湾《わん》）
シャンハイハナスッポン
ダナンの五行山《ごぎょうさん》 ④
ダナンのドラゴン橋《ばし》 ④
コサンケイ
ティエンムー寺《じ》
グエン朝王宮《ちょうおうきゅう》
フエ
海水浴場《かいすいよくじょう》
トゥンチャイ
竹であんだ
伝統的《でんとうてき》な小船《こぶね》
ホー王朝《おうちょう》の城塞《じょうさい》 ②
フォン寺《じ》
マー川
ダー川
ホン川
ホアン・リエン・ソン山脈《さんみゃく》
ファンシパン山
ベトナムで
いちばん高《たか》い山
(3,143 m)
熱帯雨林《ねったいうりん》
ハットテン
少数民族《しょうすうみんぞく》タイーや
ヌンの人々《ひとびと》の民謡《みんよう》
茶《ちゃ》の栽培《さいばい》
モモ
ドンソン銅鼓《どうこ》
1,800年以上前《いじょうまえ》の
青銅《せいどう》のたいこ
棚田《たなだ》
カンムリテナガザル
サファイアヒタキ
チャン・アン
カルスト地形《ちけい》の景勝地《けいしょうち》 ②
デラクールラングール
オナガザルの一種《いっしゅ》
ベトナムコブイモリ
アンナン山《さん》脈《みゃく》
ベトナムレイヨウ
キンカン
ハス
竹
アッサムモンキー
モモの花
「ネウの木」
旧正月《きゅうしょうがつ》に立てる
竹の魔《ま》よけ
ベンガルスローロリス
フォンニャ・ケバン
国立公園《こくりつこうえん》の
フォンニャ洞窟《どうくつ》
鍾乳洞《しょうにゅうどう》をボートで見物《けんぶつ》できる
ノンクアイタオ
伝統的《でんとうてき》な女性用《じょせいよう》のあみ笠《がさ》
ノンラー
伝統的《でんとうてき》なふだん使《づか》いのあみ笠《がさ》
ドンホー村の
伝統的《でんとうてき》な版画《はんが》
オーストンヘミガルス
ジャコウネコの一種《いっしゅ》

アオザイ
女性《じょせい》の民族《みんぞく》衣装《いしょう》
テト(旧正月《きゅうしょうがつ》)の獅子舞《ししまい》
水牛《すいぎゅう》
マレーグマ
インドシナヒョウ
ミーソン遺跡《いせき》
古都《こと》
クアンガイの長塁《ちょうるい》
南《みなみ》シナ海《かい》
カシューナッツ
インドトサカゲリ
ベンガルボダイジュ
ハイイロドゥクラングール
オナガザルの一種《いっしゅ》
カーチュー
ベトナムの伝統芸能《でんとうげいのう》。詩吟《しぎん》
ケン・バウ
伝統的《でんとうてき》な管楽器《かんがっき》
ケアシモモンガ
バインクオン
ひき肉《にく》とキクラゲを
つつんだ、むし春《はる》まき
オオホエジカ
インドゾウ
コーヒーの栽培《さいばい》
ロンソン寺《じ》の大仏《だいぶつ》
塩田《えんでん》で塩作《しおづく》り
バインチュン
ちまき。ブタ肉《にく》と緑豆《りょくとう》入り。
旧正月《きゅうしょうがつ》に食べる
フォー
米粉《こめこ》めん。
つゆに入れたり炒《いた》めたりする
シャムワニ
テトラメレスの木
カッティエン国立公園《こくりつこうえん》に
樹齢《じゅれい》500年のものがある
バンメトート
ニャチャン
ポーナガル寺院《じいん》
天然《てんねん》ゴム
リュウガン
ドンナイ川
ニョクマム(魚醤《ぎょしょう》)
製造所《せいぞうしょ》
チャーゾー
揚《あ》げ春《はる》まき
チャールア
ペースト状《じょう》にしたブタ肉《にく》を
バナナの葉《は》でつつんで
むした食べもの
サトウキビジュース
田植《たう》え
柿《かき》
サトウキビ
サイゴン川
ベンタイン市場《いちば》
統一会堂《とういつかいどう》
(旧大統領官邸《きゅうだいとうりょうかんてい》)
ファンティエット
ダイビング
ホー・チ・ミン
ニャーベー川
ブンタウ
ココヤシ
米《こめ》
メコン川
カントー
フーオック島《とう》
ホー・スアン・フオン
詩人《しじん》
グエン・ズー
詩人《しじん》
グエン・チャイ
思想家《しそうか》、詩人《しじん》、政治家《せいじか》
ホアマイの花
油田《ゆでん》・
天然《てんねん》ガス採掘場《さいくつじょう》
ジュゴン
水上
マーケット
海水浴場《かいすいよくじょう》
コンダオ諸島《しょとう》
ベトナムの竜《りゅう》
マイ
ドク

台《たい》湾《わん》
首都《しゅと》：台北《タイペイ》
言語《げんご》：台湾華語《たいわんかご》(中国語《ちゅうごくご》)
台湾語《たいわんご》、客家語《はっかご》など
人口：約《やく》2,340万人《まんにん》
面積《めんせき》：35,980km²
台湾《たいわん》
0 25 50 km
0 25 マイル
怡君《イージュン》
家豪《ジーハオ》
現地《げんち》の漢字《かんじ》で書《か》くと……
台灣《タイワン》
牛肉《ぎゅうにく》めん
煮《に》こんだ牛肉をのせた、スープめん
小籠包《しょうろんぼう》
小麦粉《こむぎこ》の皮《かわ》で肉《にく》をつつんでむした、肉汁《にくじゅう》入りのだんご
かき氷《ごおり》
マンゴーなどのくだものをのせる
タピオカミルクティー
タピオカ(でんぷん)のつぶ入りのミルクティー
紅亀粿《アングイグエ》
カメの形《かたち》をした、あん入りのもち菓子《がし》
擂茶《れいちゃ》
茶葉《ちゃば》と、豆《まめ》や雑穀《ざっこく》などをすりつぶし、お湯《ゆ》でといた飲《の》みもの
パイナップル
パイナップルケーキ
バンレイシ
くだもの
「翠玉白菜《すいぎょくはくさい》」という名の彫刻《ちょうこく》
国立《こくりつ》故宮博物院《こきゅうはくぶついん》
台北《タイペイ》101
超高層《ちょうこうそう》ビル
クイーンズヘッド(女王の頭《あたま》)
奇岩《きがん》
野柳地質公園《イエリュウちしつこうえん》
アン・リー
映画監督《えいがかんとく》
チャンクー祭《まつ》り
旧暦《きゅうれき》の7月(今《いま》の8月)におこなわれる
油《あぶら》をぬった柱《はしら》にのぼり、てっぺんのお供《そな》えもの(現在《げんざい》は旗《はた》)をとる
亀山島《グイシャンとう》
台北《タイペイ》
桃園《タオユアン》
新北《シンペイ》
淡水河《タンショイホー》
宜蘭《イーラン》
台湾一周《たいわんいっしゅう》サイクリング
タイワンベニヒノキの巨木《きょぼく》
樹齢《じゅれい》2,000年以上《いじょう》
タイワントビアオガエル
滑空《かっくう》するカエル
雪《シュエ》山《シャン》山《さん》脈《みゃく》
新竹《シンチュー》
スイカ
ベンガルヤマネコ
媽祖巡礼《まそじゅんれい》
船乗《ふなの》りと漁師《りょうし》の守《まも》り神《がみ》「媽祖《まそ》」をたたえ、旧暦《きゅうれき》3月に信者《しんじゃ》が集《あつ》まる
台《タイ》湾《ワン》海《かい》峡《きょう》
タイワンマス
太魯閣国立公園《タロコこくりつこうえん》
ヤマムスメ
バナナ
大安渓《ターアンシー》
スキー
霧峰林家《むほうりんけ》の邸宅《ていたく》
大甲渓《ターチャシー》
タイワンサンショウウオ
台中《タイチョン》
大肚渓《タートーシー》
鹿港龍山寺《ルーカンロンシャンスー》
ヨナグニサン
世界最大《せかいさいだい》のが
日月潭遠泳大会《リーユエタンえんえいたいかい》
何千人《なんぜんにん》もの人が湖《みずうみ》で遊泳《ゆうえい》する、年に一度《いちど》の行事《ぎょうじ》
日月潭《リーユエタン》
花蓮《ホワリエン》
アオウミガメ
ヒガシシナアジサシ
花崗岩《かこうがん》の家々《いえいえ》
馬《マー》祖《ツー》列《れっ》島《とう》
「青《あお》の涙《なみだ》」
夜光虫《やこうちゅう》の光《ひかり》で海岸《かいがん》が青《あお》く光《ひか》る現象《げんしょう》
金《キン》門《メン》
ハリオハチクイ
風獅爺《フーシーイエ》
獅子《しし》のすがたをした守《まも》り神《がみ》の石像《せきぞう》。
風《かぜ》をしずめ、邪気《じゃき》をはらうといわれる
カブトガニ

澎《ポン》湖《フー》列《れっ》島《とう》
澎湖《ポンフー》天后宮《てんごうきゅう》
媽祖《まそ》をまつる寺《てら》
台江《タイチャン》国立公園《こくりつこうえん》
クロツラヘラサギ
野球《やきゅう》
タイワンサンバー
シカの一種《いっしゅ》
サトウキビ
嘉義《チアイー》
曽文渓《ツェンウェンシー》
阿里山《アーリーシャン》山《さん》脈《みゃく》
玉山《ユーシャン》山《さん》脈《みゃく》
高屏渓《カオピンシー》
台南《タイナン》
孔子廟《こうしびょう》
マンゴー
稲《いね》かり
カキのオムレツ
南《みなみ》シナ海《かい》
カキの養殖《ようしょく》
高雄《カオシュン》
十分《シーフェン》の街《まち》でランタン飛《と》ばし
パイワン族《ぞく》の
鼻笛《はなぶえ》
鼻《はな》で笛《ふえ》をふく
台湾花布《たいわんかふ》(客家花布《はっかかふ》)
伝統的《でんとうてき》な花柄《はながら》の布《ぬの》
琉球嶼《リュウキュウユー》
中秋節《ちゅうしゅうせつ》
旧暦《きゅうれき》8月15日に
おこなう、月をめでる行事《ぎょうじ》
月餅《げっぺい》や
ブンタンを
食《た》べる
ビーフンの
天日干《てんぴぼ》し
ちょうちんの
絵《え》つけ
唐傘《からかさ》
竹ひごと油紙《あぶらがみ》でできている
道教《どうきょう》の神様《かみさま》
電音三太子《でんおんさんたいし》
「ナタ三太子《さんたいし》」がテクノ音楽《おんがく》に
あわせておどる
タイワンツキノワグマ
台湾《たいわん》にのみ生息《せいそく》
台湾《たいわん》でいちばん
高《たか》い山(3,952m)
玉山《ユーシャン》
タイワンカモシカ
秀姑巒渓《チウクーランシー》
脈《みゃく》
山《さん》
海岸《ハイアン》山《さん》脈《みゃく》
ヒマラヤビャクシン
ヒノキの一種《いっしゅ》
ミカドキジ
湾《ワン》
台《タイ》
台東《タイトン》
金針山《チンチェンシャン》の
ワスレグサ祭《まつ》り
7〜9月、山一面《いちめん》に
花が咲く
サツマイモ
ランの栽培《さいばい》
ヤシガニ
ヤドカリのなかま。
数《すう》十cmになるものもある
墾丁《ケンティン》
国立公園《こくりつこうえん》
鵝鑾鼻灯台《オーロワンビーとうだい》
マンボウ
太《たい》平《へい》洋《よう》
テレサ・テン
歌手《かしゅ》
緑島《リューとう》
トビウオ
タオ族《ぞく》の伝統的《でんとうてき》な
進水式《しんすいしき》
新《あたら》しい船《ふね》を空中《くうちゅう》に投《な》げあげる儀式《ぎしき》
毎年《まいとし》7月におこなう
蘭嶼《ランユー》
タロイモ

インドネシア

首都《しゅと》：ジャカルタ

言語《げんご》：インドネシア語《ご》

ジャワ語《ご》、スンダ語《ご》、その他《た》、約《やく》700の現地《げんち》の言語《げんご》

人口：2億《おく》7,000万人《まんにん》

面積《めんせき》：1,904,569km²

ドリアン
レンブ
ローズアップルともよばれる
ガドガド
ゆでた野菜《やさい》や卵《たまご》、豆腐《とうふ》、テンペなどにピーナッツソースをかけたサラダ
クエ
菓子《かし》
スシ・スサンティ
バドミントン選手《せんしゅ》。オリンピック金メダリスト
プラムディヤ・アナンタ・トゥール
作家《さっか》
イワン・ティルタ
伝統的《でんとうてき》なろうけつ染《そ》めの布地《ぬのじ》「バティック」のデザイナー
ココナッツ
ケドンドン
サテ
串焼《くしや》き肉《にく》。ソースをつけて食《た》べる
テンペ
ゆでた大豆《だいず》を発酵《はっこう》させた食材《しょくざい》
ナシゴレン
ごはんを具材《ぐざい》と炒《いた》めた料理《りょうり》
ソト
肉《にく》や野菜《やさい》の入った伝統的《でんとうてき》なスープ
サンバル
からいソース
サラク
スネークフルーツともよばれる
スジャナ・クラトン
画家《がか》
ラデン・アジェン・カルティニ
デウィ・サルティカ
女子教育《じょしきょういく》のために力をつくした活動家《かつどうか》
セレベス海《かい》
ダイビング
クローブ
ニクズク
種子《しゅし》はナツメグ
クローブの木
スラウェシ島《とう》
モロタイ島《とう》
ハラマヘラ島《とう》
ハラマヘラ海《かい》
サンゴ礁《しょう》
アカミノフウチョウ
太平洋《たいへいよう》
ワイゲオ島《とう》
バチャン島《とう》
モルッカ海《かい》
コンジキキノボリカンガルー
ビアク島《とう》
サラワティ島《とう》
ミソール島《とう》
ニューギニア島《とう》
ヤーペン島《とう》
カカオ
ペレン島《とう》
タリアブ島《とう》
マンゴレ島《とう》
オビ島《とう》
セラム海《かい》
セラム島《とう》
ブル島《とう》
ジャヤ山
インドネシアでいちばん高《たか》い山
(4,884m)
トラジャ民族《みんぞく》の伝統的《でんとうてき》な家《いえ》
ムナ島《とう》
バンダ海《かい》
マオケ山脈《さんみゃく》
④
ピニシ
伝統的《でんとうてき》な船《ふね》
マカッサル
ブトン島《とう》
マングローブ林
ウォカム島《とう》
コブロオル島《とう》
バニラ
トランガノ島《とう》
オウギヤシ
アロル島《とう》
ウェタル島《とう》
ヤンデナ島《とう》
ドラク島《とう》
オオフウチョウ
フロレス海《かい》
③
フロレス島《とう》
ロンブレン島《とう》
ビスポール
少数民族《しょうすうみんぞく》アスマットの彫刻《ちょうこく》
サブ海《かい》
スンバ島《とう》
ティモール島《とう》
アラフラ海《かい》
ティモール海《かい》
ロテ島《とう》
サーフィン
ジャワルトン
クロザル
ジャワマメジカ
スラウェシメガネザル
ニシミユビハリモグラ
④
③
コモドオオトカゲ
ショクダイオオコンニャク
巨大《きょだい》な花
ラフレシア・アルノルディイ
巨大《きょだい》な花
スマトラトラ
スマトラゾウ
クロクスクス
ヤシオウム
ジャワクマタカ

フンミラヨ・ランサム＝クテイ
教師《きょうし》、女性解放運動家《じょせいかいほううんどうか》
フェラ・クティ
ミュージシャン。
〈アフロビート〉の創始者《そうししゃ》。
黒人解放運動家《こくじんかいほううんどうか》
ラディ・クワリ
陶芸家《とうげいか》
カーカーキー
ハウサ
民族《みんぞく》のラッパ。
長《なが》さ3mほど。
儀式《ぎしき》で使《つか》う
ダーバ祭《さい》
ラマダーン（イスラム教の断食月《だんじきづき》）の終《お》わりにおこなう祭《まつ》り
アカハシコサイチョウ
モロコシ
綿花《めんか》
ゴバラウ・ミナレ
かつてのイスラム教寺院《きょうじいん》
カツィナの街《まち》にある
アサロ
ヤムイモの煮《に》こみ。
トマト、タマネギなどを入れる
ウォレ・ショインカ
作家《さっか》
モイモイ
豆《まめ》と、タマネギ、
パプリカなどをすりおろして、
むした料理《りょうり》
スーヤ　肉《にく》の串《くし》焼《や》き
ザムファラ川
王宮《おうきゅう》の門《もん》
ソコト川
アルグング・フィッシング・フェスティバル
魚《さかな》とりの大会《たいかい》。
アルグング村で開《ひら》かれる
アフリカゾウ
カムク国立公園《こくりつこうえん》で見られる
ザリア
ジョロフ・ライス
トマト、パプリカ、タマネギ
入りの炊《た》きこみごはん
マーフェ
ピーナッツペースト
入りの煮《に》こみ料理《りょうり》。
グランナッツスープ
エグシスープ
エグシ（ウリ科《か》の野菜《やさい》）
の種《たね》を使《つか》った煮《に》こみ
ドド
揚《あ》げたプランテーン（料理用《りょうりよう》バナナ）
カインジ湖《こ》
ダム湖《こ》
ライオン
カインジ湖《こ》国立公園《こくりつこうえん》で見られる
ジサイチョウ
カドゥナ
カドゥナ川
シロロ湖《こ》
ダム湖《こ》
国立《こくりつ》モスク
①
① グララの滝《たき》
オーストリア人の芸術家《げいじゅつか》
ズザンネ・ベンガーによる彫刻《ちょうこく》
「オシュン＝オショボの聖《せい》なる森」にある
ズマ・ロック
巨岩《きょがん》
アブジャ
ヤムイモ
イダンレの丘《おか》
③
イロリン
「オシュン＝オショボの聖《せい》なる森」
原生林《げんせいりん》
ハシダカサイチョウ
モナモンキー
ヨルバ民族《みんぞく》の
古代《こだい》の彫像《ちょうぞう》
イフェで出土
カカオ豆《まめ》
ベニン王国《おうこく》の
青銅彫刻《せいどうちょうこく》
イフェ
アフムの滝《たき》
ナイジェリア
最大《さいだい》の都市《とし》
オグン川
イバダン
コーラナッツ
③
アナンブラ川
ラゴスのエヨ祭《まつ》り
イコロドゥ
ラゴス
オバ（王）の宮殿《きゅうでん》
ベニン・シティ
エヌグ
ベナン湾《わん》
マングローブ林
油田《ゆでん》
ニジェール川
アブラヤシ
ウォーリ
レッキ自然保護《しぜんほご》センター
木の上のつり橋《ばし》から動物《どうぶつ》を観察《かんさつ》できる
タイセイヨウマダライルカ
天然《てんねん》ガス
採掘場《さいくつじょう》
アーバ
ポート・ハーコート
オラビシ
アブバカル
ギニア湾《わん》

伝統的《でんとうてき》な藍染《あいぞ》め
藍染《あいぞ》めの布《ぬの》
バッバンリーガー
ハウサ民族《みんぞく》の男性《だんせい》の民族衣装《みんぞくいしょう》
コマドゥグ・ヨベ川
コファ・マタ地区《ちく》の染色場《せんしょくじょう》
500年以上前《いじょうまえ》からある
王宮《おうきゅう》の門《もん》
カノ
城壁《じょうへき》
今《いま》も城壁《じょうへき》の一部《いちぶ》や門《もん》がのこる
コマドゥグ・ガナ川
ケジメリクガナ
かつてチャド湖《こ》だった地域《ちいき》。砂漠化《さばくか》などにより湖《みずうみ》が縮小《しゅくしょう》しつづけている
チャド湖
黒目豆《くろめまめ》
サバンナ
ネズキンランチョウ
マイドゥグリ
トウジンビエ
ハイガシラショウビン
パタスモンキー
カンムリヅル
② 古代《こだい》ノク文化《ぶんか》の土偶《どぐう》
オゲネ
楽器《がっき》。鐘《かね》を木《き》の棒《ぼう》でたたく
ホカケカメレオン
スクル村の集落《しゅうらく》
何世紀《なんせいき》も前《まえ》からある集落《しゅうらく》
ゴンゴラ川
ブッシュバック
レイヨウの一種《いっしゅ》
乾季《かんき》には川が干上《ひあ》がる
ピーナッツ
ジョス
カバ
ヤンカリ国立公園《こくりつこうえん》で見られる
カンムリエボシドリ
ローンアンテロープ
オナガセンザンコウ
シェケレ
ビーズをつけた網《あみ》をひょうたんにかぶせた楽器《がっき》。ゆすって音をならす
ヤムイモの収穫祭《しゅうかくさい》
ゲレデ
ヨルバ民族《みんぞく》の祭《まつ》り。母神《ぼしん》とすべての女性《じょせい》をたたえ、仮面《かめん》をかぶっておどる
ベヌエ川
コハナインコ
アフリカジャコウネコ
オバ（ヨルバ民族《みんぞく》の王）の伝統的《でんとうてき》な頭飾《あたまかざ》り
ガンガン
たいこ。「トーキングドラム」ともよばれる
シューナッツ
チンパンジー
チャパル・ワッデイ山
ナイジェリアでいちばん高《たか》い山（2,419m）
ウドゥ
つぼの側面《そくめん》に穴《あな》をあけた打楽器《だがっき》
ゲレ 女性《じょせい》の頭飾《あたまかざ》り
ヨルバ民族《みんぞく》の民族衣装《みんぞくいしょう》
結婚式《けっこんしき》など
お祝《いわ》いのときの服装《ふくそう》
キャッサバ
ニシゴリラ
クロスリバー国立公園《こくりつこうえん》で見られる
イジェレ
イボ民族《みんぞく》の仮面舞踊《かめんぶよう》。
おどり手が仮装《かそう》しており歩《ある》く
イボ民族《みんぞく》の民族衣装《みんぞくいしょう》
「イコムの石柱《せきちゅう》」
火山岩《かざんがん》の彫刻《ちょうこく》
ドリル
ボールニシキヘビ
アカハラグエノン
エクウェ たいこ
ナイジェリア連邦共和国《れんぽうきょうわこく》
ナイジェリア
ンバリ
イボ民族《みんぞく》の、神《かみ》をまつる家《いえ》
熱帯雨林《ねったいうりん》
ラフィアヤシ
パラソルツリーの葉《は》
かさに形《かたち》がにている
Nigeria《ナイジーリア》
↑
英語《えいご》で書《か》いた国名《こくめい》
首都《しゅと》：アブジャ
言語《げんご》：英語《えいご》 イボ語《ご》、ヨルバ語《ご》、ハウサ語《ご》、フラニ語《ご》、
その他《た》、多数《たすう》の現地《げんち》の言語《げんご》
人口《じんこう》：約《やく》2億《おく》350万人《まんにん》
面積《めんせき》：923,768km²
0 50 100 150 200 km
0 50 100 マイル

①
アクスムのオベリスク
古代《こだい》に建《た》てられた石柱《せきちゅう》
アブナ・イエマタ教会《きょうかい》
崖《がけ》を登《のぼ》らないとたどりつけない
アブナ・イエマタ教会《きょうかい》の壁画《へきが》
岩《いわ》をけずって作《つく》った教会《きょうかい》の壁《かべ》にかかれている
ワリアアイベックス
シオン大聖堂《だいせいどう》
アクスム
①
テケゼ川
ラス・ダシャン山
エチオピアでいちばん高《たか》い山（4,550m）
ダロル火山
硫黄泉《いおうせん》が奇観《きかん》を作《つく》った
ヨハネス4世《せい》の宮殿《きゅうでん》
かつての皇帝《こうてい》の宮殿《きゅうでん》
マカレ
ダナ
アフレラ湖
塩水湖《えんすいこ》
低《てい》地《ち》
モロコシ
アトバラ川
ファジル・ゲビ
かつての皇帝《こうてい》たちの王宮群《おうきゅうぐん》
アフリカハサミアジサシ
ゴンダル
シミエン山《さん》地《ち》
クラハシコウ
天使《てんし》の壁画《へきが》
デブラ・ブラハン・セラシェ教会《きょうかい》
タナ湖《こ》
エチオピア最大《さいだい》の湖《みずうみ》
聖《せい》ギョルギス聖堂《せいどう》
ラリベラの街《まち》に11ある、岩《いわ》をけずって作《つく》った教会《きょうかい》のひとつ
「ルーシー
タンクワ
パピルスの茎《くき》で作《つく》った船《ふね》。タナ湖《こ》で使《つか》われている
バヒル・ダル
教会内部《きょうかいないぶ》の壁画《へきが》
ウラ・キダネ・メレト教会《きょうかい》
円形《えんけい》の教会《きょうかい》
ティシサットの滝《たき》
ゲラダヒヒ
アビシニア高《こう》原《げん》
デセ
アワシュ川
ナタネ
綿花《めんか》
キタベニハチクイ
金《きん》
アバイ川
牛《うし》の飼育《しいく》
「ユダのライオン」像《ぞう》
エチオピア皇帝《こうてい》のシンボル
エチオピア国立博物館《こくりつはくぶつかん》
ショウガラゴ
ハシビロコウ
キバナタカサブロウ
亜麻《あま》
キビ
アジス・アベバ
②
ビショフツ
マントヒヒ
アダマ
③
アビシニアコロブス
バロ川
ガンベラ国立公園《こくりつこうえん》
コーヒーポット記念碑《きねんひ》
エチオピアのコーヒーポット「ジャバナ」の形《かたち》をしている
アッバ・ジファル王の宮殿《きゅうでん》
ジンマ
ズワイ湖《こ》
トウモロコシ
カバを観察《かんさつ》
バレ山《さん》地《ち》
アワッサ
サネッティ高原《こうげん》
③
ティヤ村の石碑群《せきひぐん》
コーヒーノキ
コーヒーノキの実《み》を最初《さいしょ》に利用《りよう》したのは、2,000年前《まえ》のエチオピアといわれる
オモ川
ドルゼ民族《みんぞく》の伝統的《でんとうてき》な家《いえ》
アバヤ湖《こ》
マウンテンニアラ
ソフ・オマール洞窟《どうくつ》
全長《ぜんちょう》15km
ネテラ
大きなストール
チャモ湖《こ》
コンソ民族《みんぞく》の村
ラムラメタ
コンソ民族《みんぞく》の伝統的《でんとうてき》なボードゲーム
クラール
古代《こだい》から使《つか》われているたてごと
アンバルカ
オロモ民族《みんぞく》の女性《じょせい》の伝統的《でんとうてき》な首かざり
オモ・キビシュ
ホモ・サピエンス（現生人類《げんせいじんるい》）の最古《さいこ》の化石《かせき》
オモ・キビシュで出土。19万《まん》5千年前《まえ》のもの
アフリカクロトキ
シラガエボシドリ
キリン
ケベロ たいこ
ガラスビーズで作《つく》る
ワーガ
死者《ししゃ》をまつる木彫《きぼ》りの像《ぞう》
エチオピアオオタケネズミ

エチオピア
エチオピア連邦共和国《れんぼうきょうわこく》
ኢትዮጵያ《イティオピヤ》
アムハラ語《ご》で書《か》いた国名《こくめい》
0 50 100 km
0 25 50 マイル
首都《しゅと》：アジス・アベバ
言語《げんご》：アムハラ語《ご》 その他《た》、オロモ語《ご》、ソマリ語《ご》、
ティグリニャ語《ご》など、各地方《かくちほう》の多数《たすう》の言語《げんご》
人口：約《やく》1億《おく》1,790万人《まんにん》
面積《めんせき》：1,104,300km²
アサレ湖《こ》の塩《しお》の採掘《さいくつ》
エルタ・アレ
活火山《かつかざん》
カラカル
ヒョウ
ティギスト
アドゥーナ
「ルーシー」の化石《かせき》
320万年前《まんねんまえ》の
女の猿人《えんじん》。
人類《じんるい》の祖先《そせん》
「ルーシー」と「セラム」の
骨《ほね》の化石《かせき》は、アワシュ渓谷《けいこく》で
発見《はっけん》された
アフリカノロバ
アベベ・ビキラ
ケネニサ・ベケレ
長距離走選手《ちょうきょりそうせんしゅ》
デラルツ・ツル
長距離走選手《ちょうきょりそうせんしゅ》
ティルネシュ・ディババ
アクリル・レンマ
医師《いし》。寄生虫《きせいちゅう》による
病《やまい》の新《あら》たな治療法《ちりょうほう》を発見《はっけん》
アジス・アベバの市場《いちば》
東《ひがし》アフリカ最大《さいだい》の市場《いちば》
②
セラム
330万年前《まんねんまえ》の
子どもの猿人《えんじん》
ヨツユビハリネズミ
アビシニアン
ローズ
ゲールモンキー
アンノナ・セネガレンシス
くだもの
ディレ・ダワ
ハラール
ジジガ
ハラール
旧市街《きゅうしがい》の門《もん》
エチオピア
オオカミ
ロベリア・
デケニー
巨大《きょだい》な高山植物《こうざんしょくぶつ》
バオバブ
エウフォルビア・カンデラブルム
多肉植物《たにくしょくぶつ》
アデニウム
ババレ・
ゾウ保護区《ほごく》の
アフリカゾウ
ブチハイエナ
ライオン
アードウルフ
ハイエナの一種《いっしゅ》
アビシニアバナナ
葉《は》から根《ね》まで
すべて利用《りよう》する
テフ
キビの一種《いっしゅ》
サンショク
ウミワシ
ディバタグ
シカの一種《いっしゅ》
オオミミギツネ
ハダカデバネズミ
ウェビ・シェベリ川
フサホロホロチョウ
エリトリアディクディク
グルシャ
好意《こうい》の
しるしとして、
インジェラを
相手《あいて》に食《た》べ
させる習慣《しゅうかん》
インジェラ
テフの粉《こな》で
作《つく》った生地《きじ》を発酵《はっこう》させ、
うすく焼《や》いた主食《しゅしょく》
ゴマ
コーヒー
豆《まめ》をいってコーヒーをいれ、
作法《さほう》にしたがってお客《きゃく》をもてなす
ジャバナ
素焼《すや》きのコーヒーポット
クトフォ
生《なま》の牛《ぎゅう》ひき肉《にく》を、ミトミタという
辛《から》いスパイスに漬《つ》けた料理《りょうり》
ワット
豆《まめ》や肉《にく》などの煮《に》こみ。
インジェラで
つつんで食《た》べる
メソブ
主食《しゅしょく》のインジェラなどを
食《た》べるための台《だい》。
わらをあんで作《つく》る
色あざやかな
かご
かごをあむ
職人《しょくにん》
バルバレ
さまざまな香辛料《こうしんりょう》を
まぜた辛《から》い調味料《ちょうみりょう》
アンバシャ
特別《とくべつ》な日《ひ》に食《た》べる、
少《すこ》し甘《あま》いパン
シロ
豆《まめ》のペースト

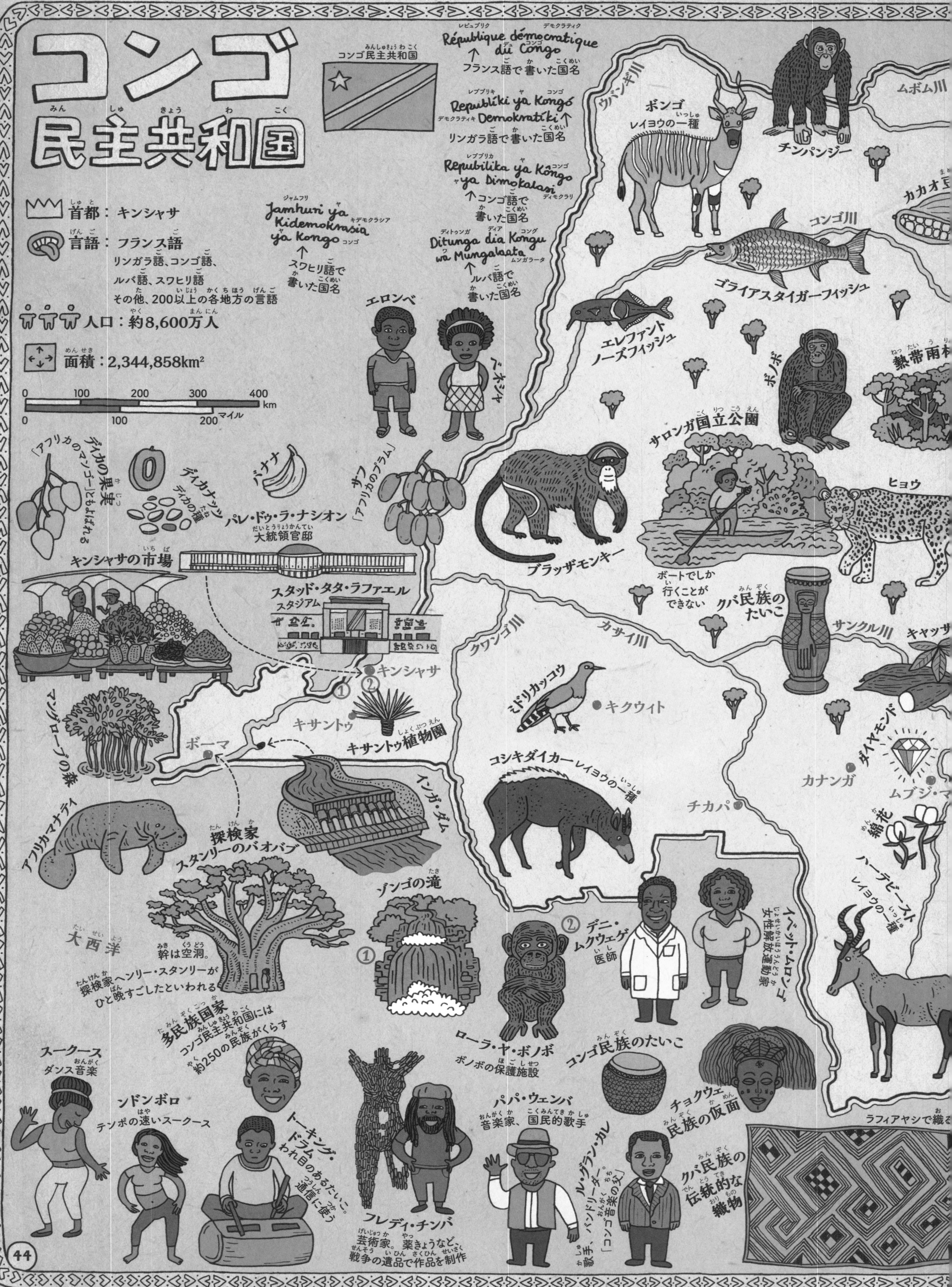

コンゴ
民《みん》主《しゅ》共《きょう》和《わ》国《こく》
首都《しゅと》：キンシャサ
言語《げんご》：フランス語《ご》
リンガラ語《ご》、コンゴ語《ご》、
ルバ語《ご》、スワヒリ語《ご》
その他《た》、200以上《いじょう》の各地方《かくちほう》の言語《げんご》
人口：約《やく》8,600万人《まんにん》
面積《めんせき》：2,344,858km²
0 100 200 300 400 km
0 100 200 マイル
コンゴ民主共和国《みんしゅきょうわこく》
République《レピュブリク》 démocratique《デモクラティク》 du《デュ》 Congo《コンゴ》
↑フランス語《ご》で書《か》いた国名《こくめい》
Republíki《レプブリキ》 ya《ヤ》 Kongó《コンゴ》 Demokratíki《デモクラティキ》
↑リンガラ語《ご》で書《か》いた国名《こくめい》
Repubilika《レプブリカ》 ya《ヤ》 Kôngo《コンゴ》 ya《ヤ》 Dimokalasi《ディモクラリ》
↑コンゴ語《ご》で書《か》いた国名《こくめい》
Jamhuri《ジャムフリ》 ya《ヤ》 Kidemokrasia《キデモクラシア》 ya《ヤ》 Kongo《コンゴ》
↑スワヒリ語《ご》で書《か》いた国名《こくめい》
Ditunga《ディトゥンガ》 dia《ディア》 Kongu《コング》 wa《ワ》 Mungalaata《ムンガラータ》
↑ルバ語《ご》で書《か》いた国名《こくめい》
エロンベ
ベネシャ
ウバンギ川
ボンゴ
レイヨウの一種《いっしゅ》
チンパンジー
ムボム川
カカオ豆
コンゴ川
ゴライアスタイガーフィッシュ
エレファントノーズフィッシュ
ボノボ
熱帯雨林《ねったいうり》
サロンガ国立公園《こくりつこうえん》
ボートでしか行《い》くことができない
ヒョウ
ブラッザモンキー
クバ民族《みんぞく》のたいこ
サンクル川
キャッサ
カサイ川
クワンゴ川
ミドリカッコウ
キクウィト
ダイヤモンド
カナンガ
ムブジ・マ
コシキダイカー レイヨウの一種《いっしゅ》
チカパ
綿花《めんか》
ハーテビースト レイヨウの一種《いっしゅ》
「アフリカのマンゴー」ともよばれる ディカの果実《かじつ》
ディカナッツ ディカの種《たね》
バナナ
サフ 「アフリカのプラム」
パレ・ドゥ・ラ・ナシオン 大統領官邸《だいとうりょうかんてい》
キンシャサの市場《いちば》
スタッド・タタ・ラファエル スタジアム
キンシャサ
キサントゥ
キサントゥ植物園《しょくぶつえん》
マングローブの森
ボーマ
インガ・ダム
アフリカマナティ
探検家《たんけんか》スタンリーのバオバブ
幹《みき》は空洞《くうどう》。探検家《たんけんか》ヘンリー・スタンリーがひと晩《ばん》すごしたといわれる
大西洋《たいせいよう》
ゾンゴの滝《たき》
多民族国家《たみんぞくこっか》
コンゴ民主共和国《みんしゅきょうわこく》には約《やく》250の民族《みんぞく》がくらす
ローラ・ヤ・ボノボ
ボノボの保護施設《ほごしせつ》
デニ・ムクウェゲ
医師《いし》
イベット・ムロンゴ
女性解放運動家《じょせいかいほううんどうか》
コンゴ民族《みんぞく》のたいこ
チョクウェ民族《みんぞく》の仮面《かめん》
スークース
ダンス音楽《おんがく》
ンドンボロ
テンポの速《はや》いスークース
トーキング・ドラム
われ目のあるたいこ。通信《つうしん》に使《つか》う
フレディ・チンバ
芸術家《げいじゅつか》。薬《やっ》きょうなど、戦争《せんそう》の遺品《いひん》で作品《さくひん》を制作《せいさく》
パパ・ウェンバ
音楽家《おんがくか》、国民的歌手《こくみんてきかしゅ》
ル・グラン・カレ
歌手《かしゅ》、バンドリーダー。「コンゴ音楽《おんがく》の父《ちち》」
クバ民族《みんぞく》の伝統的《でんとうてき》な織物《おりもの》
ラフィアヤシで織《お》る

ドーム
マンベツ民族《みんぞく》のハープ
アカスイギュウ
ウエレ川
ガランバ国立公園《こくりつこうえん》
コンゴクジャク
ゴライアスオオツノハナムグリ
世界《せかい》でもっとも大きな昆虫《こんちゅう》のひとつ。
最大《さいだい》11cmほど
マルミミゾウ
コンゴニセメンフクロウ
モリモ
ムブティ民族《みんぞく》の木製《もくせい》のラッパ。儀式《ぎしき》で使《つか》う
オカピ
金《きん》
ブルー山脈《さんみゃく》
コルタン鉱石《こうせき》
レアメタルがとれる
アヌビスヒヒ
ジャイアントセネシオ
高山植物《こうざんしょくぶつ》。5mをこえるものもある
カンムリクマタカ
コーヒー豆《まめ》
ルウェンゾリ山地《さんち》
アルバート湖
マルゲリータ峰《ほう》
コンゴ民主共和国《みんしゅきょうわこく》の最高地点《さいこうちてん》（5,109m）
マウンテンゴリラ
ヨウム
キサンガニ
ボヨマ滝《たき》
ヴィルンガ山地《さんち》
エドワード湖
アカガシラエボシドリ
ミズマメジカ
活火山《かっかざん》 ニーアムラギラ山
火山 カリシンビ山
ゴマ
キブ湖
活火山《かっかざん》 ニイラゴンゴ山
ニイラゴンゴ山で登山《とざん》
アビシニアコロブス
茶《ちゃ》
ブカブ
ワゲニア民族《みんぞく》の漁《りょう》
急流《きゅうりゅう》にわなをしかけて魚《さかな》をとる
米《こめ》
シリアカゴシキタイヨウチョウ
カッコウナマズ
溶岩湖《ようがんこ》
ニイラゴンゴ山の火口にある
モリイノシシ
ルアラバ川
コンゴ川の上流《じょうりゅう》のよび名
ミトゥンバ山脈《さんみゃく》
リングミズコブラ
タンガニーカ湖
クバ民族《みんぞく》の仮面《かめん》
王にささげるおどりで使《つか》う
ヨコスジジャッカル
キノボリセンザンコウ
ルブア川
オフタルモティラピア・ナスタ
シクリッドの一種《いっしゅ》
ラフィアヤシ
葉《は》の長《なが》さが20mをこえることもある
ナイルワニ
黒檀《こくたん》の木
カサ
ルバ民族《みんぞく》の歴史《れきし》などを記《しる》した木の板《いた》
クラハシコウ
メガフリニウム・マクロスタキウム
クズウコン科《か》
黒檀材《こくたんざい》
トロフェウスモーリー
黒檀《こくたん》の葉《は》
シクリッドの一種《いっしゅ》
ムウェル湖
ロフォイ滝《たき》
ピーナッツ
パイナップル
フフ
トウモロコシやキャッサバの粉《こな》をねってむした主食《しゅしょく》
クワンガ
キャッサバの粉《こな》をねって葉《は》でつつみ、むした主食《しゅしょく》
サツマイモ
プランテーン（料理用《りょうりよう》バナナ）のだんご
チキン・モアンベ
パームオイル入りのソースで煮《に》た鶏肉料理《とりにくりょうり》
オクラ
ピーナッツスープ
コルウェジ
リカシ
ルアプラ川
ルブンバシ
パームオイル
アブラヤシの実《み》からとれる
リボケ
バナナの葉《は》でつつんでむした魚料理《さかなりょうり》
ピリピリ
トウガラシ
ロソ・ナ・マデス
プランテーンバナナと豆《まめ》を煮《に》こみ、ごはんにかけた料理《りょうり》
アブラヤシ
アブラヤシの実《み》
モロコシ
サトウキビ
ちがう細《ほそ》い棒《ぼう》を
ではじいて演奏《えんそう》する

キューバ

キューバ
キューバ共和国《きょうわこく》
首都《しゅと》：ハバナ
言語《げんご》：スペイン語《ご》
人口：約《やく》1,100万人《まんにん》
面積《めんせき》：11,860km²
0 50 100 km
0 25 50 マイル
Cuba《クーバ》
スペイン語《ご》で書《か》いた国名《こくめい》
カスティージョ・デ・ラ・レアル・フエルサ
かつての要塞《ようさい》
エリーサ
フロリアーノ
ココタクシー
ココナッツの実《み》の形《かたち》をしたタクシー
カピトリオ
旧国会議事堂《きゅうこっかいぎじどう》
アンブロシオ洞窟《どうくつ》の壁画《へきが》
2,000年以上前《いじょうまえ》に先住民《せんじゅうみん》タイノがかいた
レオンシ
ビダル公《こう》園
海水浴場《かいすいよくじょう》
ハバナの旧市街《きゅうしがい》
1950年代《ねんだい》のアメリカ製《せい》の車
いまもハバナの街《まち》で見られる
ハナシュクシャ
サバナ・
ハバナ
マタンサス
カルデナス
トレンブリンダード記念公園《きねんこうえん》
キューバ革命《かくめい》の記念碑《きねんひ》や博物館《はくぶつかん》がある
かつての保養所《ほようじょ》
サン・ミゲル・デ・ロス・バニョスの街《まち》にある
古《ふる》い街《まち》なみ
サンタ・クララ
シエンフエゴス
サンクティ スピリトゥ
グアムアヤ山塊《さんかい》
トリニダード
旧市街《きゅうしがい》
グアニグアニコ山脈《さんみゃく》
バナナ
種類《しゅるい》が豊富《ほうふ》
ビニャーレス渓谷《けいこく》
葉巻《はまき》
ピナル・デル・リオ
タバコ
ロンカリ灯台《とうだい》
キューバワニ
ヌエバ・ヘローナ
フベントゥド島
ウミガメの保護《ほご》センター
ラルゴ島《とう》にある
カナレオス諸島《しょとう》
ベニイロフラミンゴ
サクラボウシインコ
アメリカマナティー
キューバキヌバネドリ
キューバコビトドリ
マメハチドリ
世界《せかい》一小さい鳥《とり》
アオウミガメ
カリブ海《かい》
チリワケヤッコ
バンデッドバタフライフィッシュ
ロング・スパイン・スコーレルフィッシュ
デマレフチア
げっ歯類《しるい》
キューバイワイグアナ
キューバボア
エネケン
ロープなどに使《つか》うじょうぶな繊維《せんい》がとれる
メロカクトゥス・マタンサヌス
キューバ原産《げんさん》のサボテン
カポックの木
カポックの実《み》
タチバロウヤシ
グアバ
パイナップル
パパイヤの実《み》
パパイヤの木

グアヤベラ
伝統的《でんとうてき》な
麻《あさ》のシャツ
チャチャチャ
ルンバ
サルサ
ベボ・バルデス
ピアニスト、
作曲家《さっきょくか》
セリア・クルス
歌手《かしゅ》
ペレス・プラード
ピアニスト、作曲家《さっきょくか》。
ダンス音楽《おんがく》「マンボ」の
作曲《さっきょく》で知《し》られる
ブエナ・ビスタ・ソシアル・クラブ
ドキュメンタリー映画《えいが》にも
なった人気バンド
アレホ・カルペンティエル
作家《さっか》
トレス
バタドラム
ギロ
こすって音を出す楽器《がっき》。
乾燥《かんそう》させたひょうたんで作《つく》る
①
サンチアゴ・デ・クーバのカーニバル
ボンゴ
ふたつでひと組《くみ》の
たいこ
ウインドサーフィン
シロトキ
大《たい》西《せい》洋《よう》
カマグエイ諸《しょ》島《とう》
キューバツノザメ
ココ島《とう》
ロマノ島《とう》
グアハバ島《とう》
サビナル島《とう》
カグアネス国立公園《こくりつこうえん》の洞窟探検
レチェ湖《こ》
シエゴ・デ・アビラ
キャッサバ
カルメン広場《ひろば》
カマグエイ
海水《かいすい》浴場《よくじょう》
ダイオウヤシ
先住民《せんじゅうみん》タイノの村
復元《ふくげん》されている
ホシメキシコインコ
キューバソレノドン
モグラの一種《いっしゅ》
キューバドラセナ
キューバの固有植物《こゆうしょくぶつ》
アレハンドロ・デ・フンボルト国立公園《こくりつこうえん》
サンゴ礁《しょう》
米《こめ》
グレープフルーツ
オレンジ
ラス・トゥナス
オルギン
サトウキビ
市庁舎《しちょうしゃ》
セスペデス
公園広場《こうえんひろば》にある
バラコア
ャルダン・デ・ラ・レイナ諸島《しょとう》
カウト川
バヤモ
コーヒー
マンサニヨ
マエストラ山脈《さんみゃく》
ニペ・サグア・バラコア山脈《さんみゃく》
グアンタナモ
サンチアゴ・デ・クーバ
①
ダイビング
ピコ・トゥルキーノ山
キューバでいちばん高《たか》い山
(1,974m)
カスティージョ・デ・サン・
ペドロ・デ・ラ・ロカ
かつての城塞《じょうさい》
ユカ・コン・モホ
ゆでたキャッサバに、
タマネギ、ニンニク、
ライムのソースをかける
モロス・イ・
クリティアーノス
黒豆《くろまめ》入りごはん
カフェ・クバーノ
ブラウンシュガー入り
エスプレッソ
コーヒー
サンドイッチ・
クバーノ
ローストポーク、ハム、
チーズ、ピクルスをはさんで
焼《や》いたサンドイッチ
ロパビエハ
牛肉《ぎゅうにく》と野菜《やさい》の煮《に》こみ。
豆《まめ》ごはんをそえる
フラン・クバーノ
キューバ風《ふう》プリン。
コンデンスミルクを
入れる
エンパナーダ
具《ぐ》入りのパイ。
グアバジャムやフレッシュチーズ、
ココナッツや肉《にく》などを入れる
パン・クバーノ
フランスパンににたパン
焼《や》いたプランテーンバナナ
豆《まめ》のスープ

ベネズエラ

首都《しゅと》：カラカス

言語《げんご》：スペイン語《ご》

その他《た》、ワユー語《ご》、ペモン語《ご》などの現地《げんち》の言語《げんご》

人口：約《やく》3,170万人《まんにん》

面積《めんせき》：912,050km²

ダイビング
サン・カルロス・
デ・ボロメオ要塞《ようさい》
ココヤシ
大西洋《たいせいよう》
マルガリータ島《とう》
トゥガ島《とう》
モチマ
国立公園《こくりつこうえん》
コンク貝《がい》
巻貝《まきがい》。貝殻《かいがら》はアクセサリーの
材料《ざいりょう》になる
カズハゴンドウ
クマナ
バルセロナ
サン・アントニオ・
デ・ラ・エミネンシア城塞《じょうさい》
海賊《かいぞく》から街《まち》を
守《まも》るために建《た》てられた
カカオ豆《まめ》
マトゥリン
先住民《せんじゅうみん》
ワラオの
手あみのかご
マングローブ林
ロビズナの滝《たき》
油田《ゆでん》
シウダード・
グアヤナ
オオミテングヤシ
パイゴセントラス・
カリバ
ピラニア
オリノコ川
シウダード・
ボリーバル
グリ・ダム
シロガオサキ
アマゾンカワイルカ
アンヘルの滝《たき》
(エンジェル・
フォール)
エル・カヤオの街《まち》のカーニバル
オオミテングヤシの実《み》
シロムネオオハシ
カウラ川
世界《せかい》で
もっとも落差《らくさ》の
大きな滝《たき》(979m)。
アウヤン・テプイから
流《なが》れおちる
アグアサイ地方《ちほう》の伝統的《でんとうてき》なハンモック
アナナス・ルシダスの繊維《せんい》をあんで作《つく》る
アナナス・ルシダス
パイナップルの一種《いっしゅ》
サポの滝《たき》
カナイマ国立公園《こくりつこうえん》
ロライマ山
卓状台地《たくじょうだいち》
ハウア・サリサリニャーマ
国立公園《こくりつこうえん》
先住民《せんじゅうみん》イェクアナの
手あみのかごやざる
アウヤン・テプイ
巨大《きょだい》な卓状台地《たくじょうだいち》
ベネズエラサンタイガー
タランチュラ
クチジロペッカリー
カロニ川
グリーン
イグアナ
卓状台地《たくじょうだいち》の大きな
穴《あな》で知《し》られる
フタオビチュウハシ
ヤブイヌ
アケボノインコ
アルパ・ジャネーラ
ハープ
アレパ
トウモロコシ粉《こ》のパン。
具《ぐ》をはさんで食《た》べる
揚《あ》げた
プランテーン
(料理用《りょうりよう》
バナナ)
タハダ
パベジョン・クリオージョ
牛肉《ぎゅうにく》の煮《に》こみ、ごはん、
黒《くろ》インゲン豆《まめ》をひとつの皿《さら》に
もりつけ、タハダをそえる
ウサギアグーチ
熱帯雨林《ねったいうりん》
ミドリフウキンチョウ
マラカス
カサベ
アレキーペ
砂糖《さとう》入りの牛乳《ぎゅうにゅう》を
煮《に》つめて作《つく》った
ジャム
サンコーチョ
ケシージョ
キャッサバ粉《こ》で作《つく》る
うすいパン
プリン
オリノコ川
ホローポ
伝統的《でんとうてき》なダンス
肉《にく》、野菜《やさい》入りのスープ
シャボノ
先住民《せんじゅうみん》ヤノマミの住居《じゅうきょ》
クロエプヤ
たいこ
テレサ・カレーニョ
ピアニスト、作曲家《さっきょくか》
アリリオ・ディアス
クアトロ
4弦《げん》のギター
ハシント・コンビット
医師《いし》、科学者《かがくしゃ》。ハンセン病《びょう》の
ワクチン開発《かいはつ》にたずさわる
ギタリスト、
作曲家《さっきょくか》

アルゼンチン

首都《しゅと》：ブエノスアイレス
言語《げんご》：スペイン語《ご》
人口：約《やく》4,540万人《まんにん》
面積《めんせき》：2,780,400km²

大《たい》西《せい》洋《よう》
ヨシキリザメ
ミナミダラ
アルゼンチンカタクチイワシ
ミナミセミクジラ
ハラジロカマイルカ
シルビーナ・オカンポ
詩人《しじん》
メルセデス・ソーサ
歌手《かしゅ》
アルゼンチンメルルーサ
ミナミゾウアザラシ
オタリア
セアカカマドドリ
かまど型
バルデス半島《はんとう》
アルゼンチンマツイカ
エスタドス島《とう》
マゼランペンギン
サカツラウ
カンムリシギダチョウ
リンゴ
チュブト川
マーラ
テンジクネズミの一種《いっしゅ》
デセアド川
ヒツジの飼育《しいく》
モンテ・レオン国立公園《こくりつこうえん》
エクレルール灯台《とうだい》
フエゴ島《とう》
ウスワイア
世界最南端《せかいさいなんたん》の都市《とし》
マゼラン海峡《かいきょう》
マゼランバーベリー
コイミドリインコ
グアナコ
チコハイイロギツネ
竜の化石《かせき》 ③
スキー
サン・カルロス・バリロチェ
ブエノスアイレス湖
サン・マルティン湖
ビエドマ湖
アルヘンティノ湖
アルゼンチン最大《さいだい》の湖《みずうみ》
ス山《さん》脈《みゃく》
ギガノトサウルス
アルゼンチノサウルス
③恐竜《きょうりゅう》の化石《かせき》
アルゼンチンの各地《かくち》で見つかっている
アラゲアルマジロ
カンムリカラカラ
アンデス山脈《さんみゃく》でトレッキング
フリオ・コルタサル
作家《さっか》
ホルヘ・ルイス・ボルヘス
作家《さっか》
エバ・ペロン
社会活動家《しゃかいかつどうか》、元大統領夫人《もとだいとうりょうふじん》。
愛称《あいしょう》「エビータ」
クエバ・デ・ラス・マノス
岩《いわ》にのこる9,500年前《まえ》の
人間《にんげん》の手形《てがた》
フィッツ・ロイ山
(3,375m)
ピューマ
アンデスコンドル
ペリート・モレノ氷河《ひょうが》
ロス・グラシアレス国立公園《こくりつこうえん》にある
クロクビムナジロヒメウ
パタゴニアスカンク
サッカー
アルゼンチンでもっとも
人気のあるスポーツ
パト
馬《うま》にのり
取《と》っ手《て》つきのボールを
網《あみ》に入れる
伝統競技《でんとうきょうぎ》
ガウチョ
カウボーイ

これ、知《し》ってる？

アイスランドでは
99% 以上《いじょう》の人が
インターネットを利用《りよう》している

オランダは
人口よりも
自転車《じてんしゃ》の
台数《だいすう》のほうが多《おお》い

スイスは
世界一《せかいいち》
チョコレートを食《た》べる国《くに》

スウェーデンは
島《しま》の数《かず》が世界一《せかいいち》
(200万以上《まんいじょう》)

カナダでは
半分以上《はんぶんいじょう》の人が大学を出ている

カナダは
湖《みずうみ》 の数《かず》が世界一《せかいいち》
(200万以上《まんいじょう》)

フランスは
海外《かいがい》からの観光客《かんこうきゃく》が
もっとも多《おお》い国《くに》の
ひとつ

モナコは
人口密度《みつど》が
世界一高《せかいいちたか》い

アメリカ合衆国《がっしゅうこく》は
火山の数《かず》が世界一《せかいいち》
(約《やく》170)

サンマリノでは
人口よりも
自動車《じどうしゃ》の台数《だいすう》のほうが多《おお》い

アメリカ合衆国《がっしゅうこく》は
ノーベル賞受賞者《しょうじゅしょうしゃ》を
世界一多《せかいいちおお》く出している

コートジボワールは
カカオの生産量《せいさんりょう》が
世界一多《せかいいちおお》い

ベネズエラは
自然《しぜん》が保護《ほご》されている国土《こくど》の割合《わりあい》が
世界一《せかいいち》大きい
(国土《こくど》の半分以上《はんぶんいじょう》)

南《みなみ》スーダンは
2011年に独立《どくりつ》した
新《あたら》しい国《くに》

コロンビアは
生息《せいそく》する鳥《とり》の種類《しゅるい》が
世界一多《せかいいちおお》い

観測史上最大《かんそくしじょうさいだい》の
地震《じしん》は、
1960年に
チリで起《お》きた

ブラジルは
生息《せいそく》する動物《どうぶつ》と
植物《しょくぶつ》の種類《しゅるい》が
世界一多《せかいいちおお》い

スリナムは
森林の割合《わりあい》が世界一《せかいいち》大きい
(国土《こくど》の90%以上《いじょう》)

ルワンダは
国会議員《こっかいぎいん》のなかの
女性《じょせい》の割合《わりあい》が
世界一高《せかいいちたか》い
(約《やく》6割《わり》が女性《じょせい》)